LIMA BARRETO
por jovens leitores

FERNANDA FREITAS
VAGNER AMARO
(ORGS.)

LIMA BARRETO
por jovens leitores

2ª reimpressão

Copyright © 2013 Os organizadores
Copyright desta edição © 2013 Autêntica Editora

Os contos publicados neste livro foram extraídos do livro:
BARRETO, Lima. *Contos completos*. São Paulo: Companhia das Letras, 2010.

Todos os direitos reservados pela Autêntica Editora. Nenhuma parte desta publicação poderá ser reproduzida, seja por meios mecânicos, eletrônicos, seja via cópia xerográfica, sem a autorização prévia da Editora.

PROJETO GRÁFICO DE CAPA E MIOLO: *Diogo Droschi*
(sobre imagens de Jhonatan Otto e Carolyne de Melo)

ILUSTRAÇÕES DE MIOLO: *Jhonatan Otto (página 87); Carolyne de Melo (páginas 11, 19, 35, 49, 55, 63, 75)*

DIAGRAMAÇÃO: *Waldênia Alvarenga Santos Ataíde*

REVISÃO: *Lúcia Assumpção e Fernanda Freitas*

SERVIÇO SOCIAL DO COMÉRCIO

PRESIDENTE DO CONSELHO NACIONAL
Antonio Oliveira Santos

DIRETOR GERAL DO DEPARTAMENTO NACIONAL DO SESC
Maron Emile Abi-Abib

ESCOLA SESC DE ENSINO MÉDIO

DIREÇÃO
Claudia Fadel

GERÊNCIA PEDAGÓGICA
Ines Paz Senra

COORDENAÇÃO DE CÓDIGOS E LINGUAGENS
Luiz Fernando de Moraes Barros

COORDENAÇÃO DA BIBLIOTECA
Vagner Amaro

Dados Internacionais de Catalogação na Publicação (CIP)
(Câmara Brasileira do Livro, SP, Brasil)

Lima Barreto : por jovens leitores / Fernanda Freitas, Vagner Amaro (orgs.). -- 1. ed. ; 2. reimp. -- Belo Horizonte : Autêntica, 2025.

Vários colaboradores.
ISBN 978-85-8217-370-1

1. Barreto, Lima, 1881-1922 2. Contos brasileiros 3. Escola Sesc de Ensino Médio 4. Leitores 5. Leitura 6. Literatura - Estudo e ensino I. Freitas, Fernanda. II. Amaro, Vagner.

13-13866   CDD-807

Índices para catálogo sistemático:

1. Clube de Leitores da Escola Sesc de Ensino Médio :
Contos : Literatura brasileira : Estudo e ensino   807

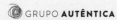

Belo Horizonte
Rua Carlos Turner, 420
Silveira . 31140-520
Belo Horizonte . MG
Tel.: (55 31) 3465 4500

São Paulo
Av. Paulista, 2.073, Conjunto Nacional
Horsa I . Salas 404-406 . Bela Vista
01311-940 . São Paulo . SP
Tel.: (55 11) 3034 4468

www.grupoautentica.com.br
SAC: atendimentoleitor@grupoautentica.com.br

7 PREFÁCIO
POR LÚCIA BETTENCOURT

9 APRESENTAÇÃO
POR FERNANDA FREITAS E VAGNER AMARO

11 O CEMITÉRIO
POR BRUNA VILANOVA

19 UM E OUTRO
POR VINÍCIUS AGOSTINHO

35 O HOMEM QUE SABIA JAVANÊS
POR DANIELLI COSTA

49 O ORÁCULO
POR SAELLY MATOS

55 ADÉLIA
POR JOSELITO PRADO

63 UM MÚSICO EXTRAORDINÁRIO
POR CAROLYNE DE MELO

75 QUASE ELA DEU O "SIM"; MAS...,
POR MARIANA CASELLI

85 O PECADO
POR JHONATAN OTTO

91 SOBRE LIMA BARRETO
POR FERNANDA FREITAS E VAGNER AMARO

PREFÁCIO

Boas ideias levam a boas leituras

LÚCIA BETTENCOURT

O saudoso Moacyr Scliar sabia contar histórias como ninguém. Dele me lembro bem de um texto: "O conto se apresenta". Nessa história, escrita supostamente pelo próprio "conto", ele diz que surgiu como narrativa oral com a missão de afastar os medos da noite escura e os mistérios do desconhecido. Seria, então, nossa primeira forma de conhecer o mundo e de transmitir esse conhecimento, sedimentando a ideia de pertencimento a um grupo social.

O projeto desenvolvido pelos orientadores do Clube de Leitores da Escola Sesc de Ensino Médio tem essa percepção: se ler individual e silenciosamente é apropriar-se de um novo mundo, ler *comunitariamente* é dividir esse novo mundo com o grupo, ampliando o conhecimento de todos e estreitando os laços entre seus componentes.

O projeto se sedimenta, já em seu segundo livro. O primeiro trouxe histórias de Machado de Assis e este traz as de Lima Barreto — autores da virada do século XIX para o XX. Machado e Lima são diferentes como suco de caju e picolé de limão. Um tem o travo desencantado do humor irônico, o outro tem o azedinho estimulante da malandragem desvelada. Ambos são deliciosos, refrescantes, nutritivos e… implacáveis.

Muitas vezes o aluno não é, ele mesmo, um leitor espontâneo. O exemplo e o incentivo de um outro, que o seja, desperta o colega para as novidades e os prazeres da leitura. Assim, Bruna Vilanova procura levar seus amigos à leitura de *O cemitério*, falando da desigualdade social que Lima Barreto, ele mesmo vítima dessa desigualdade, desvela. Já Vinícius Agostinho, ao ler *Um e outro*, apela às revelações dos segredos da alma, diagnosticados pelo autor de modo a que os leitores tirem suas próprias conclusões. Danielli Costa relembra, no convite à leitura de *O homem que sabia javanês*, que a malandragem pode funcionar como única saída para a "correção" das desigualdades numa sociedade fraturada e doente. Saelly Matos chama nossa atenção para o questionamento da religiosidade supersticiosa e para a crítica à falha na formação cultural do brasileiro em *O oráculo*. Joselito Prado enfoca o papel da mulher numa sociedade machista, agravada pelas falhas assistenciais e do sistema de saúde, em *Adélia*. Já em *Um músico extraordinário*, Carolyne de Melo destaca o estilo literário como instrumento de reflexão: em vez de interpretar, a revelação dos fatos é que leva à desconstrução do mito de genialidade artística. Em *Quase que ela disse sim, mas…*, Mariana Caselli consegue perceber o jogo de interesse por trás do casamento, que passa bem longe do idealismo amoroso. No derradeiro conto da coletânea montada pelo Clube dos Leitores, *O pecado*, Jhonatan Otto coloca o dedo na ferida do preconceito racial. Nem os mais santos escapam: o preconceito é odioso, pois mesmo a vida mais ilibada e pura não é valorizada se o indivíduo comete o "pecado" de não possuir (a cor) (a religião) (a origem) (———) certa.

Agradeço a esses leitores que me convidaram a reler Lima Barreto e que me mostraram a relevância que estas obras, escritas há quase um século, ainda possuem. Elas ampliam nossa consciência e nos estimulam a melhorar uma sociedade que já caminhou bastante em termos de consciência social, mas que ainda precisa de leituras críticas para não nos levar de volta às situações que o conhecimento e a reflexão permitem evitar.

APRESENTAÇÃO

FERNANDA FREITAS
VAGNER AMARO

Tradicionalmente, a leitura literária está relacionada a um ato solitário de imersão nos conteúdos do texto. A cultura de ler de maneira solitária e silenciosa garante uma relação orgânica e enriquecedora com o texto, ao ponto de encontrarmos representações culturais da leitura como a apropriação de um novo mundo.

Tal prática, no entanto, se distancia das culturas orais em que grupos se formavam para contar e ouvir histórias. Nesta coletânea, apresentamos o resultado de uma experiência que destaca as potencialidades da leitura em grupo, permitindo a ampliação de conhecimentos por meio da troca de impressões sobre o texto lido.

Nesse sentido comunitário da leitura é que o Clube de Leitores da Escola Sesc de Ensino Médio está inserido. Em encontros com duração de 50 minutos, textos curtos da Literatura em Língua Portuguesa são compartilhados e aprofundados. Os mediadores são professores e bibliotecários, que selecionam os textos e funcionam também como guias para a ampliação do olhar sobre o que se lê. Os objetivos são divulgar o acervo da biblioteca da escola, pluralizar o repertório de leitura dos alunos e torná-los mais críticos sobre o que leem dentro ou fora do clube.

No repertório de leitura, visitamos textos de autores como Miguel Sanchez Neto, Sérgio Sant'Anna, Machado de Assis, João do

Rio, Fabrício Carpinejar, Bernardo Carvalho, Heloisa Seixas, João Guimarães Rosa, Moacyr Scliar, Lima Barreto, Monteiro Lobato e João Anzanello Carrascoza, entre outros.

No ano 2011, como resultado da oficina, a Escola Sesc de Ensino Médio publicou, pela Autêntica Editora, o livro *Machado de Assis por Jovens Leitores*, no qual os alunos reproduziram a metodologia de apresentação dos textos e convidam para a leitura. A publicação se tornou parte do repertório de leituras dos alunos da primeira série da Escola.

O segundo volume deste trabalho baseia-se no mesmo propósito de promover a literatura de um autor não contemporâneo através do olhar do jovem leitor. Os jovens autores fazem um convite para que conheçamos a obra de Lima Barreto e revelam suas impressões de leitura. Assim, acreditamos aumentar a comunidade de leitores do clube.

Reiteramos o convite de nossos alunos para que se leia mais e melhor, cada vez com menores preconceitos, a vasta e rica produção literária existente em Língua Portuguesa.

O CEMITÉRIO

O CEMITÉRIO
por Bruna Vilanova

Afonso Henriques de Lima Barreto: mulato, órfão, cresceu em um Brasil que tinha acabado de se livrar das amarras doloridas da escravidão. Se olharmos sob o seu ponto de vista, um sem-número de críticas à sociedade devia povoar seu pensamento. Tais anseios transbordavam de seu corpo e mente e, por meio da caneta, Lima Barreto dava voz às suas ambições numa literatura engajada social e politicamente.

Em "O cemitério", o autor nos apresenta uma sociedade muito semelhante à nossa: há pessoas que chamam mais atenção, outras que recebem pouco prestígio social. Todas estão sempre se acotovelando pelas vielas estreitas da vida para alcançar um patamar acima daquele onde estão.

A comunidade retratada no conto, porém, se difere daquela em que vivemos em um aspecto: trata-se de um cemitério, com suas lápides majestosas e querubins imponentes. É por lá que anda nosso protagonista.

A linguagem fluida e sua temática crítica permitem a nossa identificação imediata com o personagem. Mesmo escrito no século passado, o conto se faz original em todos os aspectos, proporcionando uma leitura fresca e permitindo o diálogo imediato com os nossos tempos. Ao terminar a leitura, percebemos que não ficaríamos surpresos se a história tivesse acontecido ontem mesmo, num pequeno cemitério de nossa cidade.

Em muitos âmbitos, a obra pode se comunicar com nossa vida. Afinal, somos mesmo caminhantes de uma estrada longa, estamos sempre à espreita daqueles que não nos observam e travamos uma competição insana para chegar ao topo de tudo.

Mesmo na sociedade defeituosa em que vivemos — a qual é espelhada pelo cemitério do conto —, às vezes nos prendemos àqueles que nos trazem um pouco de lucidez e clareza. Idealizamos aquele ser e moldamos suas características de acordo com nossos interesses. Num piscar de olhos, sua identidade já não mais lhe pertence: passa a ser inteiramente nossa.

É exatamente a situação que acontece com o homem que divaga conosco no cemitério de Lima Barreto. Enquanto descobre as curvas mais vivas de uma sociedade entorpecida, ele passa a criar fantasias sobre uma alma que não mais respira. Inexplicavelmente.

O CEMITÉRIO

Lima Barreto

Pelas ruas de túmulos, fomos calados. Eu olhava vagamente aquela multidão de sepulturas, que trepavam, tocavam-se, lutavam por espaço, na estreiteza da vaga e nas encostas das colinas aos lados. Algumas pareciam se olhar com afeto, roçando-se amigavelmente; em outras, transparecia a repugnância de estarem juntas. Havia solicitações incompreensíveis e também repulsões e antipatias; havia túmulos arrogantes, imponentes, vaidosos e pobres e humildes; e, em todos, ressumava o esforço extraordinário para escapar ao nivelamento da morte, ao apagamento que ela traz às condições e às fortunas.

Amontoavam-se esculturas de mármore, vasos, cruzes e inscrições; iam além; erguiam pirâmides de pedra tosca, faziam caramanchéis extravagantes, imaginavam complicações de matos e plantas — coisas brancas e delirantes, de um mau gosto que irritava. As inscrições exuberavam; longas, cheias de nomes, sobrenomes e datas, não nos traziam à lembrança nem um nome ilustre sequer; em vão procurei ler nelas celebridades, notabilidades mortas; não as encontrei. E de tal modo a nossa sociedade nos marca um tão profundo ponto, que até ali, naquele campo de mortos, mudo laboratório de decomposição, tive uma imagem dela, feita inconscientemente de um propósito, firmemente desenhada por aquele acesso de túmulos pobres e ricos, grotescos e nobres, de mármore e pedra, cobrindo vulgaridades iguais umas às outras por força estranha às suas vontades, a lutar...

Fomos indo. A carreta, empunhada pelas mãos profissionais dos empregados, ia dobrando as alamedas, tomando ruas, até que chegou à boca do soturno buraco, por onde se via fugir, para sempre do nosso olhar, a humildade e a tristeza do contínuo da Secretaria dos Cultos.

Antes que lá chegássemos, porém, detive-me um pouco num túmulo de límpidos mármores, ajeitados em capela gótica, com anjos e cruzes que a rematavam pretensiosamente.

Nos cantos da lápide, vasos com flores de *biscuit* e, debaixo de um vidro, à nívea altura da base da capelinha, em meio corpo, o retrato da morta que o túmulo engolira. Como se estivesse na rua do Ouvidor, não pude suster um pensamento mau e quase exclamei:

— Bela mulher!

Estive a ver a fotografia e logo em seguida me veio à mente que aqueles olhos, que aquela boca provocadora de beijos, que aqueles seios túmidos, tentadores de longos contatos carnais, estariam àquela hora reduzidos a uma pasta fedorenta, debaixo de uma porção de terra embebida de gordura.

Que resultados teve a sua beleza na terra? Que coisas eternas criaram os homens que ela inspirou? Nada, ou talvez outros homens, para morrer e sofrer. Não passou disso, tudo mais se perdeu; tudo mais não teve existência, nem mesmo para ela e para os seus amados; foi breve, instantâneo, e fugaz.

Abalei-me! Eu que dizia a todo o mundo que amava a vida, eu que afirmava a minha admiração pelas coisas da sociedade — eu meditar como um cientista profeta hebraico! Era estranho! Remanescente de noções que se me infiltraram e cuja entrada em mim mesmo eu não percebera! Quem pode fugir a elas?

Continuando a andar, adivinhei as mãos da mulher, diáfanas e de dedos longos; compus o seu busto ereto e cheio, a cintura, os quadris, o pescoço, esguio e modelado, as espáduas brancas, o rosto sereno e iluminado por um par de olhos indefinidos de tristeza e desejos...

Já não era mais o retrato da mulher do túmulo; era de uma, viva, que me falava.

Com que surpresa, verifiquei isso.

Pois eu, eu que vivia desde os dezesseis anos, despreocupadamente, passando pelos meus olhos, na rua do Ouvidor, todos os figurinos dos jornais de modas, eu me impressionar por aquela menina do cemitério! Era curioso.

E, por mais que procurasse explicar, não pude.

UM E OUTRO

UM E OUTRO
por Vinícius Agostinho

Há quem irá dizer que contos são apenas histórias desconexas da realidade. Quem lê os contos de Lima Barreto rompe com essa teoria. O autor faz grandes críticas sociais em seus textos e traz mais realidade para o mundo ficcional. Essa realidade não era bem aceita pelos leitores da época, pois eles viam suas vidas expostas em livros que circulavam por toda a sociedade. Além disso, ele mostra em seus livros o ponto de vista daquele que é humilhado e não daquele que domina. Lima ainda procura facilitar a leitura de seus contos através de uma escrita mais oralizada. Na verdade, ele procurava uma linguagem que todos pudessem entender para que um número cada vez maior de pessoas se apropriasse de suas críticas e anseios.

Necessidade: Palavra-chave quando se lê o conto "Um e outro". A cada página do texto se conhecem novos cenários, criam-se novas expectativas e encontram-se novos personagens. "Um e outro" nos mostra como o passado pode alterar o nosso futuro. A história que tem como personagem principal Lola, amante de um caixa, gira em torno dos ideais e personalidades que essa mulher criou para si mesma. Amores, ódio, tragédias, paixões e infinitesimais sentimentos que adentram em nós são revelados no conto ora de forma sutil, ora de forma objetiva. Necessidades são construídas e desconstruídas, revelando uma ideia do que nós mesmos fazemos ser necessário e daquilo que realmente é. Somos infinitas personalidades e, ao ler o conto, você, leitor, irá perceber que somos máquinas de desejos e sensações, que somos um verdadeiro albergue, somos vários em um só.

Como diria Rubem Alves: "Somos muitos. E é precisamente aí que se encontra o problema: que o corpo seja morada de muitos: anjos e demônios, bruxas e fadas, amantes e carrascos, vegetarianos e carnívoros, bufões e agente funerários, filósofos e bêbados — todos moram no mesmo corpo."

Que, com essa leitura, possamos perceber nossos anjos e demônios, nossas bruxas e fadas e nossos filósofos e bêbados.

UM E OUTRO

Lima Barreto

Não havia motivo para que ela procurasse aquela ligação, não havia razão para que a mantivesse. O Freitas a enfarava um pouco, é verdade. Os seus hábitos quase conjugais; o modo de tratá-la como sua mulher; os rodeios de que se servia para aludir à vida das outras raparigas; as precauções que tomava para enganá-la; a sua linguagem sempre escoimada de termos de calão ou duvidosos; enfim, aquele ar burguês da vida que levava, aquela regularidade, aquele equilíbrio davam-lhe a impressão de estar cumprindo penas.

Isto era bem verdade, mas não a absolvia perante ela mesma de estar enganando o homem que lhe dava tudo, que educava sua filha, que a mantinha como senhora, com o *chauffeur* do automóvel em que passeava duas vezes ou mais por semana. Por que não procurava outro mais decente? A sua razão desejava bem isso; mas o seu instinto a tinha levado para ali.

A bem dizer, ela não gostava de homem, mas de homens; as exigências de sua imaginação, mais do que as de sua carne, eram para a poliandria. A vida a fizera assim e não havia de ser agora, ao roçar os cinquenta, que havia de corrigir-se. Ao lembrar-se de sua idade, olhou-se um pouco no espelho e viu que uma ruga teimosa começava a surgir no canto de um dos olhos. Era preciso a massagem... Examinou-se melhor.

Estava de corpinho. O colo era ainda opulento, unido; o pescoço repousava bem sobre ele e ambos, colo e pescoço, se ajustavam sem saliências nem depressões.

Teve satisfação de ser sua carne; teve orgulho mesmo. Há quanto tempo ela resistia aos estragos do tempo e ao desejo dos homens? Não estava moça, mas se sentia ainda apetitosa. Quantos a provaram? Ela não podia sequer avaliar o número aproximado. Passavam por sua lembrança numerosas fisionomias. Muitas ela não fixara bem na memória e surgiam-lhe na recordação como coisas vagas, sombras, pareciam espíritos. Lembrava-se às vezes de um gesto, às vezes de uma frase deste ou daquele sem se lembrar dos seus traços; recordava-se às vezes da roupa sem se recordar da pessoa. Era curioso que de certos que a conhecessem uma única noite e se foram para sempre, ela se lembrasse bem; e de outros que se demoraram, tivesse uma imagem apagada.

Os vestígios da sua primitiva educação religiosa e os moldes da honestidade comum subiram à sua consciência. Seria pecado aquela sua vida? Iria para o inferno? Viu um instante o seu inferno de estampa popular: as labaredas muito rubras, as almas mergulhadas nelas e os diabos, com uns garfos enormes, a obrigar os penitentes a sofrerem o suplício.

Haveria isso mesmo ou a morte seria...? A sombra da morte ofuscou-lhe o pensamento. Já não era tanto o inferno que lhe vinha aos olhos; era a morte só, o aniquilamento do seu corpo, da sua pessoa, o horror horrível da sepultura fria.

Isto lhe pareceu uma injustiça. Que as vagabundas comuns morressem, vá! Que as criadas morressem, vá! Ela, porém, ela que tivera tantos amantes ricos; ela que causara rixas, suicídios e assassinatos, morrer era uma iniquidade sem nome! Não era uma mulher comum, ela, a Lola, a Lola desejada por tantos homens; a Lola, amante do Freitas, que gastava mais de um conto de réis por mês nas coisas triviais da casa, não podia nem devia morrer. Houve então nela um assomo íntimo de revolta contra o destino implacável.

Agarrou a blusa, ia vesti-la, mas reparou que faltava um botão. Lembrou-se de pregá-lo, mas imediatamente lhe veio a invencível repugnância que sempre tivera pelo trabalho manual. Quis chamar a criada: mas seria demorar. Lançou mão de alfinetes.

Acabou de vestir-se, pôs o chapéu, e olhou um pouco os móveis. Eram caros, eram bons. Restava-lhe esse consolo: morreria, mas morreria no luxo, tendo nascido em uma cabana. Como eram diferentes os dois momentos! Ao nascer, até os vinte e tantos anos, mal tinha onde descansar após as labutas domésticas. Quando casada, o marido vinha suado dos trabalhos do campo e, mal lavados, deitavam-se. Como era diferente agora... Qual! Não seria capaz de suportá-lo mais... Como é que pôde?

Seguiu-se a emigração... Como foi que veio até ali, até aquela cumeada de que se orgulhava? Não apanhava bem o encadeamento. Apanhava alguns termos da série; como porém se ligaram, como se ajustaram para fazê-la subir de criada a amante opulenta do Freitas, não compreendia bem. Houve oscilações, houve desvios. Uma vez mesmo quase se viu embrulhada numa questão de furto; mas, após tantos anos, a ascensão, parecia-lhe gloriosa e retilínea. Deu os últimos toques no chapéu, consertou o cabelo na nuca, abriu o quarto e foi à sala de jantar:

— Maria, onde está a Mercedes? — perguntou.

Mercedes era a sua filha, filha de sua união legal, que orçava pelos vinte e poucos anos. Nascera no Brasil, dois anos após a sua chegada, um antes de abandonar o marido. A criada correu logo a atender a patroa.

— Está no quintal conversando com a Aida, patroa.

Maria era a sua copeira e Aida a lavadeira; no trem de sua casa, havia três criadas e ela, a antiga criada, gostava de lembrar-se do número das que tinha agora, para avaliar o progresso que fizera na vida.

Não insistiu mais em perguntar pela filha e recomendou:

— Vou sair. Fecha bem a porta da rua... Toma cuidado com os ladrões.

Abotoou as luvas, consertou a fisionomia e pisou a calçada com um imponente ar de grande dama sob o seu caro chapéu de plumas brancas.

A rua dava-lhe mais força de fisionomia, mais consciência dela mesma. Como se sentia estar no seu reino, na região em que era rainha e imperatriz. O olhar cobiçoso dos homens e o de inveja das mulheres acabavam o sentimento de sua personalidade, exaltavam-no até. Dirigiu-se para a rua do Catete com o seu passo miúdo e sólido. Era manhã e, embora andássemos pelo meado do ano, o sol era forte como se já verão fosse. No caminho trocou cumprimentos com as raparigas pobres de uma casa de cômodos da vizinhança.

— Bom dia, "madama".

— Bom dia.

E debaixo dos olhares maravilhados das pobres raparigas, ela continuou o seu caminho, arrepanhando a saia, satisfeita que nem uma duquesa atravessando os seus domínios.

O *rendez-vous* era para uma hora; tinha tempo, portanto, de dar umas voltas à cidade. Precisava mesmo que o Freitas lhe desse uma quantidade maior. Já lhe falara a respeito pela manhã quando ele saiu, e tinha que buscá-la ao escritório dele.

Tencionava comprar um mimo e oferecê-lo ao *chauffeur* do "seu" Pope, o seu último amor, o ente sobre-humano que ela via coado através da beleza daquele "carro" negro, arrogante, insolente, cortando a multidão das ruas, orgulhoso como um deus.

Na imaginação, ambos, "*chauffeur*" e "carro", não os podia separar um do outro; e a sua imagem dos dois era uma única de suprema beleza, tendo a seu dispor a força e a velocidade do vento.

Tomou o bonde. Não reparou nos companheiros de viagem; em nenhum ela sentiu uma alma; em nenhum ela sentiu um semelhante. Todo o seu pensamento era para o "*chauffeur*", e o "carro". O automóvel, aquela magnífica máquina, que passava pelas ruas que nem um triunfador, era bem a beleza do homem que o guiava; e, quando ela o tinha nos braços, não era bem ele quem a abraçava, era a beleza daquela máquina que punha nela ebriedade, sonho e a alegria singular da velocidade. Não havia como aos sábados em que ela, recostada às almofadas amplas, percorria as ruas da cidade, concentrava os olhares e todos invejavam mais o carro que ela, a força que se continha nele e o arrojo que o *chauffeur* moderava. A vida de centenas de miseráveis, de tristes e mendicantes sujeitos que andavam a pé, estava ao dispor de uma simples e imperceptível volta no guidão; e o motorista, aquele motorista que ela beijava, que ela acariciava, era como uma divindade que dispusesse de humildes seres deste triste e desgraçado planeta.

Em tal instante, ela se sentia vingada do desdém com que a cobriam, e orgulhosa de sua vida.

Entre ambos, "carro" e "*chauffeur*", ela estabelecia um laço necessário, não só entre as imagens respectivas como entre os objetos. O "carro" era como os membros do outro e os dois complementavam-se numa representação interna, maravilhosa de elegância, de beleza, de vida, de insolência, de orgulho e força.

O bonde continuava a andar. Vinha jogando pelas ruas em fora, tilintando, parando aqui e ali. Passavam carroças, passavam carros, passavam automóveis. O dele não passaria certamente. Era de *garage* e saía unicamente para certos e determinados fregueses que só passeavam à tarde ou escolhiam-no para a volta das duas, alta noite. O bonde chegou à praça da Glória. Aquele trecho da cidade tem um ar de fotografia, como que houve nele uma preocupação de vista, de efeito de perspectiva; e agradava-lhe. O bonde corria agora ao lado do mar. A baía estava calma, os horizontes eram límpidos e os barcos a vapor quebravam a harmonia da paisagem.

A marinha pede sempre o barco a vela; ele como que nasceu do mar, é sua criação; o barco a vapor é um grosseiro engenho demasiado humano, sem relações com ela. A sua brutalidade é violenta. A Lola, porém, não se demorou em olhar o mar, nem o horizonte; a natureza lhe era completamente indiferente e não fez nenhuma reflexão sobre o trecho que a via passar. Considerou dessa vez os vizinhos. Todos lhe pareciam detestáveis. Tinham um ar de pouco dinheiro e regularidade sexual abominável. Que gente!

O bonde passou pela frente do Passeio Público e o seu pensamento ficou-se num instante no chapéu que tencionava comprar.

Ficar-lhe-ia bem? Seria mais belo que o da Lúcia, amante do Adão "Turco"? Saltava de uma probabilidade para outra, quando lhe veio desviar da preocupação a passagem de um automóvel. Pareceu ser ele, o *chauffeur*. Qual! Num "táxi"! Não era possível. Afugentou o pensamento e o bonde continuou. Enfrentou o "Theatro Municipal". Olhou-lhe as colunas, os dourados, achou-o bonito, bonito como uma mulher cheia de atavios. Na avenida, ajustou o passo, consertou a fisionomia, arrepanhou a saia com a mão esquerda e partiu ruas em fora com um ar de grande dama sob o enorme chapéu de plumas brancas.

Nas ocasiões em que precisava falar ao Freitas no escritório, ela tinha por hábito ficar num *restaurant* próximo e mandar chamá-lo por um caixeiro. Assim ele lhe recomendava e assim ela fazia, convencida como estava de que as razões com que o Freitas lhe justificara esse procedimento eram sólidas e procedentes. Não ficava bem ao alto comércio de comissões e consignações que as damas fossem procurar os representantes dele nos respectivos escritórios; e, se bem que o Freitas fosse um simples caixa da casa Antunes, Costa & Cia., uma visita como a dela poderia tirar de tão poderosa firma a fama de solidez e abalar-lhe o crédito na clientela.

A espanhola ficou, portanto, próxima e, enquanto esperava o amante, pediu uma limonada e olhou a rua. Naquela hora, a Rua Primeiro de Março tinha o seu pesado trânsito habitual de grandes carroções, pejados de mercadorias. O movimento quase se cingia a homens; e se, de quando em quando, passava uma mulher, vinha num bando de estrangeiros, recentemente desembarcados.

Se passava um destes, Lola tinha um imperceptível sorriso de mofa. Que gente! Que magras! Onde é que foram descobrir aquela magreza de mulher? Tinha como certo que, na Inglaterra, não havia mulheres bonitas nem homens elegantes.

Num dado momento, alguém passou que lhe fez crispar a fisionomia. Era a Rita. Onde ia àquela hora? Não lhe foi dado ver bem o vestuário dela, mas viu o chapéu, cuja *pleureuse* lhe pareceu mais cara que a do seu. Como é que arranjara aquilo? Como é que havia homens que dessem tal luxo a uma mulher daquelas? Uma mulata...

O seu desgosto sossegou com essa verificação e ficou possuída de um contentamento de vitória. A sociedade regular dera-lhe a arma infalível...

Freitas chegou afinal e, como convinha à sua posição e à majestade do alto comércio, veio em colete e sem chapéu. Os dois se encontraram muito casualmente, sem nenhum movimento, palavra, gesto ou olhar de ternura.

— Não trouxeste Mercedes? — perguntou ele.

— Não... fazia muito sol...

O amante sentou-se e ela o examinou um momento. Não era bonito, muito menos simpático. Desde muito verificara isso, agora, porém, descobrira o máximo defeito da sua fisionomia. Estava no olhar, um olhar sempre o mesmo, fixo, esbugalhado, sem mutações e variações de luz. Ele pediu cerveja, ela perguntou:

— Arranjaste?

Tratava-se de dinheiro e o seu orgulho de homem do comércio, que sempre se julga rico ou às portas da riqueza, ficou um pouco ferido com a pergunta da amante:

— Não havia dificuldade... Era só vir ao escritório... Mais que fosse...

Lola suspeitava que não lhe fosse tão fácil assim, mas nada disse. Explorava habilmente aquela sua ostentação de dinheiro, farejava "qualquer coisa" e já tomara as suas precauções.

Veio a cerveja e ambos, na mesa do *restaurant*, fizeram um numeroso esforço para conversar. O amante fazia-lhe perguntas: "Vais à modista? Sais hoje à tarde?" — Ela respondia: "sim, não".

Passou de novo a Rita. Lola aproveitou o momento e disse:

— Lá vai aquela "negra".

— Quem?

— A Rita.

— A Ritinha?... Está agora com o "Louro", *croupier* do "Emporium"*. E em seguida acrescentou:

— Está muito bem.

— Pudera! Há homens muito porcos.

— Pois olha: acho-a bem bonita.

— Não precisavas dizer-me. És como os outros... ainda há quem se sacrifique por vocês.

Era seu hábito sempre procurar na conversa caminho para mostrar-se arrufada e dar a entender ao amante que ela se sacrificava vivendo com ele. Freitas não acreditava muito nesse sacrifício, mas não queria romper com ela, porque a sua ligação causava nas rodas de confeitarias, de pensões chics e jogo muito sucesso. Muito célebre e conhecida, com quase vinte anos de "vida ativa", o seu *collage* com a Lola, que, se não fora bela, fora sempre tentadora e provocante, punha a sua pessoa em foco e garantia-lhe um certo prestígio sobre as outras mulheres.

Vendo-a arrufada, o amante fingiu-se arrependido do que dissera, e vieram a despedir-se com palavras ternas.

Ela saiu contente com o dinheiro na carteira. Havia dito ao Freitas que o destinava a uma filha que estava na Espanha; mas a verdade era que mais de metade seria empregada na compra de um presente para o seu motorista amado. Subiu a rua do Ouvidor, parando pelas montras das casas de joias. Que havia de ser? Um anel? Já lhe havia dado. Uma corrente? Também já lhe dera uma. Parou numa vitrine e viu uma cigarreira. Simpatizou com o objeto. Parecia caro e era ofuscante: ouro e pedrarias — uma coisa de mau gosto evidente. Achou-a maravilhosa, entrou e comprou-a sem discutir.

Encaminhou-se para o bonde cheia de satisfação. Aqueles presentes como que o prendiam mais a ela, como que o ligavam eternamente à sua carne e o faziam entrar no seu sangue.

A sua paixão pelo *chauffeur* durava havia seis meses e encontravam-se pelas bandas da Candelária, em uma casa discreta e limpa, bem frequentada, cheia de precauções para que os frequentadores não se vissem.

Faltava pouco para o encontro e ela aborrecia-se esperando o bonde conveniente. Havia mais impaciência nela que atraso no horário.

O veículo chegou em boa hora e Lola tomou-o cheia de ardor e de desejo. Havia uma semana que ela não se encontrava com o motorista. A última vez em que se avistaram, nada de mais íntimo lhe pudera dizer. Freitas, ao contrário do costume, passeava com ela; e só lhe fora dado vê-lo soberbo, todo de branco, casquete, sentado à almofada, com o busto ereto, a guiar maravilhosamente o carro lustroso, brilhante, cuja niquelagem areada faiscava como prata nova.

Marcava-lhe aquele *rendez-vous* com muita saudade e vontade de vê-lo e agradecer-lhe a imaterial satisfação que a máquina lhe dava. Dentro daquele bonde vulgar, num instante, ela teve novamente diante dos olhos o automóvel orgulhoso, sentiu a sua trepidação, indício de sua força, e o viu deslizar, silencioso, severo, resoluto e insolente, pelas ruas em fora, dominado pela mão destra do *chauffeur* que ela amava.

Logo ao chegar, perguntou à dona da casa se o doutor José estava. Soube que chegara mais cedo e já fora para o quarto. Não se demorou muito conversando com a patroa e correu aos aposentos.

De fato, José estava lá. Fosse calor, fosse vontade de ganhar tempo, o certo é que já havia tirado de cima de si o principal vestuário. Assim que a viu entrar, sem se erguer da cama, disse:

— Pensei que não viesses.

— O bonde custou muito a chegar, meu amor.

Descansou a bolsa, tirou o chapéu com ambas as mãos e foi direita à cama. Sentou-se na borda, cravou o olhar no rosto grosseiro e vulgar do motorista; e, após um instante de contemplação, debruçou-se e beijou-o, com volúpia, demoradamente.

O *chauffeur* não retribuiu a carícia; ele a julgava desnecessária naquele instante. Nele, o amor não tinha prefácios, nem epílogos; o assunto ataca-se logo. Ela não o concebia assim: resíduos da profissão e o sincero desejo daquele homem faziam-na carinhosa.

Sem beijá-lo, sentada à borda da cama, esteve um momento a olhar enternecida a má e forte catadura do *chauffeur*. José começava a impacientar-se com aquelas filigranas. Não compreendia tais rodeios que lhe pareciam ridículos.

— Despe-te!

Aquela impaciência agradava-lhe e ela quis saboreá-la mais. Levantou-se sem pressa, começou a desabotoar-se devagar, parou e disse com meiguice:

— Trago-te uma coisa.

— Que é? — Fez ele logo.

— Adivinha!

— Dize lá de uma vez.

Lola procurou a bolsa, abriu-a devagar e de lá retirou a cigarreira. Foi até o leito e entregou-a ao *chauffeur*. Os olhos do homem incendiaram-se de cupidez; e os da mulher, ao vê-lo satisfeito, ficaram úmidos de contentamento.

Continuou a despir-se e, enquanto isso, ele não deixava de apalpar, de abrir e fechar a cigarreira que recebera. Descalçava os sapatos quando José lhe perguntou com a sua voz dura e imperiosa:

—Tens passeado muito no Pope?

— Deves saber que não. Não o tenho mandado buscar e tu sabes que só saio no teu.

— Não estou mais nele.

— Como?

— Saí da casa... Ando agora num táxi.

Quando o *chauffeur* lhe disse isso, Lola quase desmaiou; a sensação que teve foi de receber uma pancada na cabeça.

Pois então, aquele Deus, aquele dominador, aquele supremo indivíduo descera a guiar um táxi, sujo, chacoalhante, mal pintado, desses que parecem feitos de folha de Flandres! Então ele? Então...

E aquela abundante beleza do automóvel de luxo que tão alto ela via nele, em um instante, em um segundo, de todo se esvaiu. Havia internamente, entre as duas imagens, um nexo que lhe parecia indissolúvel, e o brusco perturbou-lhe completamente a representação mental e emocional daquele homem.

Não era mais o mesmo, não era o semideus, ele que estava ali presente; era outro, ou antes era ele degradado, mutilado, horrendamente mutilado. Guiando um táxi... Meu Deus!

O seu desejo era ir-se, mas, ao lhe vir esse pensamento, José perguntou:

— Vens ou não vens?

Quis pretextar qualquer coisa para sair; teve medo, porém, do seu orgulho masculino, do despeito de seu desejo ofendido.

Deitou-se a seu lado com muita repugnância, e pela última vez.

O HOMEM QUE SABIA JAVANÊS

O HOMEM QUE SABIA JAVANÊS
por Danielli Costa

"O homem que sabia javanês" é um dos contos mais conhecidos de Lima Barreto e tem várias adaptações para teatro e cinema. O texto conta a história de Castelo, um típico malandro que se vê à frente de uma questão: ser professor de javanês, sem saber a tal língua. O desenrolar da história tem como foco principal as características do brasileiro, levando-o para várias oportunidades e situações adversas.

O texto traz, de forma irônica, críticas a pessoas que são enganadas facilmente e a valorização do conhecimento e de posses. De forma que mostra a facilidade de ascensão social, tornando a postura do malandro como algo a se almejar. Assim, traz ao leitor vontade de conhecer mais sobre tal idioma e sobre a ilha de Java.

A história nos é apresentada de forma cotidiana trazendo o texto mais para situações mundanas. O conto se faz característico pelo assunto boêmio, pela crítica à organização da sociedade naquela época, situações que ainda hoje acontecem ou se refletem, tornando o texto atual.

A própria personalidade do personagem é uma marca de contemporaneidade. A vontade de conquista, a ambição a qualquer custo, que é muito presente nas pessoas na sociedade vigente, fazem com que suas ações se tornem aplicáveis ao nosso tempo, repercutindo a crítica daquela época para os dias de hoje.

Um estilo a ser observado na história é que o autor nos induz a prevermos as possibilidades para o desfecho da narrativa, provocando aflição em relação ao desenvolvimento final, que atende às expectativas causando surpresa e satisfação aos leitores. O texto se faz de uma maneira engajada, divertida, que traz a sensação de irrealidade e ao mesmo tempo de acontecimento real.

O HOMEM QUE SABIA JAVANÊS

Lima Barreto

Em uma confeitaria, certa vez, ao meu amigo Castro, contava eu as partidas que havia pregado às convicções e às respeitabilidades, para poder viver.

Houve mesmo, uma dada ocasião, quando estive em Manaus, em que fui obrigado a esconder a minha qualidade de bacharel, para mais confiança obter dos clientes, que afluíam ao meu escritório de feiticeiro e adivinho. Contava eu isso.

O meu amigo ouvia-me calado, embevecido, gostando daquele meu Gil Blas vivido, até que, em uma pausa da conversa, ao esgotarmos os copos, observou a esmo:

— Tens levado uma vida bem engraçada, Castelo!

— Só assim se pode viver... Isto de uma ocupação única: sair de casa a certas horas, voltar a outras, aborrece, não achas? Não sei como me tenho aguentado lá, no consulado!

— Cansa-se; mas, não é disso que me admiro. O que me admira é que tenhas corrido tantas aventuras aqui, neste Brasil imbecil e burocrático.

— Qual! Aqui mesmo, meu caro Castro, se podem arranjar belas páginas de vida. Imagina tu que eu já fui professor de javanês!

— Quando? Aqui, depois que voltaste do consulado?

— Não; antes. E, por sinal, fui nomeado cônsul por isso.

— Conta lá como foi. Bebes mais cerveja?

— Bebo.

Mandamos buscar mais outra garrafa, enchemos os copos, e continuei:

— Eu tinha chegado havia pouco ao Rio, estava literalmente na miséria. Vivia fugido de casa de pensão em casa de pensão, sem saber onde e como ganhar dinheiro, quando li no *Jornal do Commércio* o anuncio seguinte:

"Precisa-se de um professor de língua javanesa. Cartas, etc."

Ora, disse cá comigo, está ali uma colocação que não terá muitos concorrentes; se eu capiscasse quatro palavras, ia apresentar-me. Saí do café e andei pelas ruas, sempre a imaginar-me professor de javanês, ganhando dinheiro, andando de bonde e sem encontros desagradáveis com os "cadáveres". Insensivelmente dirigi-me à Biblioteca Nacional. Não sabia bem que livro iria pedir; mas, entrei, entreguei o chapéu ao porteiro, recebi a senha e subi. Na escada, acudiu-me pedir a *Grande Encyclopédie*, letra J, a fim de consultar o artigo relativo a Java e a língua javanesa. Dito e feito. Fiquei sabendo, ao fim de alguns minutos, que Java era uma grande ilha do arquipélago de Sonda, colônia holandesa, e o javanês, língua aglutinante do grupo malai-polinésio, possuía uma literatura digna de nota e escrita em caracteres derivados do velho alfabeto hindu.

A *Enciclopédia* dava-me indicação de trabalhos sobre a tal língua malaia e não tive dúvidas em consultar um deles. Copiei o alfabeto, a sua pronunciação figurada e saí. Andei pelas ruas, perambulando e mastigando letras.

Na minha cabeça dançavam hieróglifos; de quando em quando consultava as minhas notas; entrava nos jardins e escrevia estes calungas na areia para guardá-los bem na memória e habituar a mão a escrevê-los.

À noite, quando pude entrar em casa sem ser visto, para evitar indiscretas perguntas do encarregado, ainda continuei no quarto a engolir o meu "a-b-c" malaio, e, com tanto afinco levei o propósito que, de manhã, o sabia perfeitamente.

Convenci-me que aquela era a língua mais fácil do mundo e saí; mas não tão cedo que não me encontrasse com o encarregado dos aluguéis dos cômodos:

— Senhor Castelo, quando salda a sua conta?

Respondi-lhe então eu, com a mais encantadora esperança:

— Breve... Espere um pouco... Tenha paciência... Vou ser nomeado professor de javanês, e...

Por aí o homem interrompeu-me:

— Que diabo vem a ser isso, senhor Castelo?

Gostei da diversão e ataquei o patriotismo do homem:

— É uma língua que se fala lá pelas bandas do Timor. Sabe onde é?

Oh! alma ingênua! O homem esqueceu-se da minha dívida e disse-me com aquele falar forte dos portugueses:

— Eu cá por mim, não sei bem; mas ouvi dizer que são umas terras que temos lá para os lados de Macau. E o senhor sabe isso, senhor Castelo?

Animado com esta saída feliz que me deu o javanês, voltei a procurar o anúncio. Lá estava ele. Resolvi animosamente propor-me ao professorado do idioma oceânico. Redigi a resposta, passei pelo *Jornal* e lá deixei a carta. Em seguida, voltei à biblioteca e continuei os meus estudos de javanês. Não fiz grandes progressos nesse dia, não sei se por julgar o alfabeto javanês o único saber necessário a um professor de língua malaia ou se por ter me empenhado mais na bibliografia e história literária do idioma que ia ensinar.

Ao cabo de dois dias, recebia eu uma carta para ir falar ao doutor Manuel Feliciano Soares Albernaz, Barão de Jacuecanga, à rua Conde de Bonfim, não me recordo bem que número. É preciso não te esqueceres que entrementes continuei estudando o meu malaio, isto é, o tal javanês. Além do alfabeto, fiquei sabendo o nome de alguns autores, também perguntar e responder "como está o senhor?" — e duas ou três regras de gramática, lastrado todo esse saber com vinte palavras do léxico.

Não imaginas as grandes dificuldades com que lutei, para arranjar os quatrocentos réis da viagem! É mais fácil — podes ficar certo — aprender o javanês... Fui a pé. Cheguei suadíssimo; e, com maternal carinho, as anosas mangueiras, que se perfilavam em alameda diante da casa do titular, me receberam, me acolheram e me reconfortaram. Em toda a minha vida, foi o único momento em que cheguei a sentir a simpatia da natureza...

Era uma casa enorme que parecia estar deserta; estava mal-tratada, mas não sei por que me veio pensar que nesse mau tratamento havia mais desleixo e cansaço de viver que mesmo pobreza. Devia haver anos que não era pintada. As paredes descascavam e os beirais do telhado, daquelas telhas vidradas de outros tempos, estavam desguarnecidos aqui e ali, como dentaduras decadentes ou mal cuidadas.

Olhei um pouco o jardim e vi a pujança vingativa com que a tiririca e o carrapicho tinham expulsado os tinhorões e as begônias. Os crótons continuavam, porém, a viver com a sua folhagem de cores mortiças. Bati. Custaram-me a abrir. Veio, por fim, um antigo preto africano, cujas barbas e cabelo de algodão davam à sua fisionomia uma aguda impressão de velhice, doçura e sofrimento.

Na sala, havia uma galeria de retratos: arrogantes senhores de barba em colar se perfilavam enquadrados em imensas molduras douradas, e doces perfis de senhoras, em bandós, com grandes leques, pareciam querer subir aos ares, enfunadas pelos redondos vestidos à balão; mas, daquelas velhas coisas, sobre as quais a poeira punha mais antiguidade e respeito, a que gostei mais de ver foi um belo jarrão de porcelana da China ou da Índia, como se diz. Aquela pureza da louça, a sua fragilidade, a ingenuidade do desenho e aquele seu fosco brilho de luar diziam-me a mim que aquele objeto tinha sido feito por mãos de criança, a sonhar, para encanto dos olhos fatigados dos velhos desiludidos...

Esperei um instante o dono da casa. Tardou um pouco. Um tanto trôpego, com o lenço de alcobaça na mão, tomando veneravelmente o simonte de antanho, foi cheio de respeito que o vi chegar. Tive vontade de ir-me embora. Mesmo se não fosse ele o discípulo, era sempre um crime mistificar aquele ancião, cuja velhice trazia à tona do meu pensamento alguma coisa de augusto, de sagrado. Hesitei, mas fiquei.

— Eu sou — avancei — o professor de javanês, que o senhor disse precisar.

— Sente-se, respondeu-me o velho. O senhor é daqui, do Rio?

— Não, sou de Canavieiras.

— Como? fez ele. Fale um pouco alto, que sou surdo.

— Sou de Canavieiras, na Bahia, insisti eu.

— Onde fez os seus estudos?

— Em São Salvador.

— Em onde aprendeu o javanês? indagou ele, com aquela teimosia peculiar aos velhos.

Não contava com essa pergunta, mas imediatamente arquitetei uma mentira. Contei-lhe que meu pai era javanês. Tripulante de um navio mercante, viera ter à Bahia, estabelecera-se nas proximidades de Canavieiras como pescador, casara, prosperara e fora com ele que aprendi javanês.

— E ele acreditou? E o físico? perguntou meu amigo, que até então me ouvira calado.

— Não sou, objetei, lá muito diferente de um javanês. Estes meus cabelos corridos, duros e grossos e a minha pele basané podem dar-me muito bem o aspecto de um mestiço de malaio... Tu sabes bem que, entre nós, há de tudo: índios, malaios, taitianos, malgaches, guanches, até godos. É uma comparsaria de raças e tipos de fazer inveja ao mundo inteiro.

— Bem, fez o meu amigo, continua.

— O velho, emendei eu, ouviu-me atentamente, considerou demoradamente o meu físico, pareceu que me julgava de fato filho de malaio e perguntou-me com doçura:

— Então está disposto a ensinar-me javanês?

— A resposta saiu-me sem querer: — Pois não.

— O senhor há de ficar admirado, aduziu o Barão de Jacuecanga, que eu, nesta idade, ainda queira aprender qualquer coisa, mas...

— Não tenho que admirar. Têm-se visto exemplos e exemplos muito fecundos...

— O que eu quero, meu caro senhor....

— Castelo, adiantei eu.

— O que eu quero, meu caro senhor Castelo, é cumprir um juramento de família. Não sei se o senhor sabe que eu sou neto do conselheiro Albernaz, aquele que acompanhou Pedro I, quando abdicou. Voltando de Londres, trouxe para aqui um livro em língua esquisita, a que tinha grande estimação. Fora um hindu ou siamês que lho dera, em Londres, em agradecimento a não sei que serviço prestado por meu avô. Ao morrer meu avô, chamou meu pai e lhe disse: "Filho, tenho este livro aqui, escrito em javanês. Disse-me quem mo deu que ele evita desgraças e traz felicidades para quem o tem. Eu não sei nada ao certo. Em todo o caso, guarda-o; mas, se queres que o fado que me deitou o sábio oriental se cumpra, faze com que teu filho o entenda, para que sempre a nossa raça seja feliz." Meu pai, continuou o velho barão, não acreditou muito na história; contudo, guardou o livro. Às portas da morte, ele mo deu e disse-me o que prometera ao pai. Em começo, pouco caso fiz da história do livro. Deitei-o a um canto e fabriquei minha vida. Cheguei até a esquecer-me dele; mas, de uns tempos a esta parte, tenho passado por tanto desgosto, tantas desgraças têm caído sobre a minha velhice que me lembrei do talismã da família. Tenho que o ler, que o compreender, se não quero que os meus últimos dias anunciem o desastre da minha posteridade; e, para entendê-lo, é claro, que preciso entender o javanês. Eis aí.

Calou-se e notei que os olhos do velho se tinham orvalhado. Enxugou discretamente os olhos e perguntou-me se queria ver o tal livro. Respondi-lhe que sim. Chamou o criado, deu-lhe as instruções e explicou-me que perdera todos os filhos, sobrinhos, só lhe restando uma filha casada, cuja prole, porém, estava reduzida a um filho, débil de corpo e de saúde frágil e oscilante.

Veio o livro. Era um velho calhamaço, um *in-quarto* antigo, encadernado em couro, impresso em grandes letras, em um papel amarelado e grosso. Faltava a folha do rosto e por isso não se podia ler a data da impressão. Tinha ainda umas páginas de prefácio, escritas em inglês, onde li que se tratava das histórias do príncipe Kulanga, escritor javanês de muito mérito.

Logo informei disso o velho barão que, não percebendo que eu tinha chegado aí pelo inglês, ficou tendo em alta consideração o meu saber malaio. Estive ainda folheando o cartapácio, à laia de quem sabe magistralmente aquela espécie de vasconço, até que afinal contratamos as condições de preço e de hora, comprometendo-me a fazer com que ele lesse o tal alfarrábio antes de um ano.

Dentro em pouco, dava a minha primeira lição, mas o velho não foi tão diligente quanto eu. Não conseguia aprender a distinguir e a escrever nem sequer quatro letras. Enfim, com metade do alfabeto levamos um mês e o senhor Barão de Jacuecanga não ficou lá muito senhor da matéria: aprendia e desaprendia.

A filha e o genro (penso que até aí nada sabiam da história do livro) vieram a ter notícias do estudo do velho; não se incomodaram. Acharam graça e julgaram a coisa boa para distraí-lo.

Mas com o que tu vais ficar assombrado, meu caro Castro, é com a admiração que o genro ficou tendo pelo professor de javanês. Que coisa Única! Ele não se cansava de repetir: "É um assombro! Tão moço! Se eu soubesse isso, ah! onde estava!".

O marido de Dona Maria da Glória (assim se chamava a filha do barão) era desembargador, homem relacionado e poderoso; mas não se pejava em mostrar diante de todo o mundo a sua admiração pelo meu javanês. Por outro lado, o barão estava contentíssimo. Ao fim de dois meses, desistira da aprendizagem e pedira-me que lhe traduzisse, um dia sim outro não, um trecho do livro encantado. Bastava entendê-lo, disse ele; nada se opunha que outrem o traduzisse e ele ouvisse. Assim evitava a fadiga do estudo e cumpria o encargo.

Sabes bem que até hoje nada sei de javanês, mas compus umas histórias bem tolas e impingi-as ao velhote como sendo do crônicon. Como ele ouvia aquelas bobagens!...

Ficava estático, como se estivesse a ouvir palavras de um anjo. E eu crescia aos seus olhos!

Fez-me morar em sua casa, enchia-me de presentes, aumentava-me o ordenado. Passava, enfim, uma vida regalada.

Contribuiu muito para isso o fato de vir ele a receber uma herança de um seu parente esquecido que vivia em Portugal. O bom velho atribuiu a coisa ao meu javanês; e eu estive quase a crê-lo também.

Fui perdendo os remorsos; mas, em todo o caso, sempre tive medo que me aparecesse pela frente alguém que soubesse o tal patuá malaio. E esse meu temor foi grande, quando o doce barão me mandou com uma carta ao visconde de Caruru, para que me fizesse entrar na diplomacia. Fiz-lhe todas as objeções: a minha fealdade, a falta de elegância, o meu aspecto tagalo. — "Qual! retrucava ele. Vá, menino; você sabe javanês!" Fui. Mandou-me o visconde para a Secretaria dos Estrangeiros com diversas recomendações. Foi um sucesso.

O diretor chamou os chefes de secção: "Vejam só, um homem que sabe javanês — que portento!"

Os chefes de secção levaram-me aos oficiais e amanuenses e houve um destes que me olhou mais com ódio do que com inveja ou admiração. E todos diziam: "Então sabe javanês? É difícil? Não há quem o saiba aqui!"

O tal amanuense, que me olhou com ódio, acudiu então: "É verdade, mas eu sei canaque. O senhor sabe?" Disse-lhe que não e fui à presença do ministro.

A alta autoridade levantou-se, pôs as mãos às cadeiras, consertou o *pince-nez* no nariz e perguntou: "Então, sabe javanês?" Respondi-lhe que sim; e, à sua pergunta onde o tinha aprendido, contei-lhe a história do tal pai javanês. "Bem, disse-me o ministro, o senhor não deve ir para a diplomacia; o seu físico não se presta... O bom seria um consulado na Ásia ou Oceania. Por ora, não há vaga, mas vou fazer uma reforma e o senhor entrará. De hoje em diante, porém, fica adido ao meu ministério e quero que, para o ano, parta para Bâle, onde vai representar o Brasil no Congresso de Linguística. Estude, leia o Hovelacque, o Max Müller, e outros!"

Imagina tu que eu até aí nada sabia de javanês, mas estava empregado e iria representar o Brasil em um congresso de sábios.

O velho barão veio a morrer, passou o livro ao genro para que o fizesse chegar ao neto, quando tivesse a idade conveniente e fez-me uma deixa no testamento.

Pus-me com afã no estudo das línguas maleo-polinésicas; mas não havia meio!

Bem jantado, bem vestido, bem dormido, não tinha energia necessária para fazer entrar na cachola aquelas coisas esquisitas. Comprei livros, assinei revistas: *Revue Anthropologique et Linguistique, Proceedings of the English-Oceanic Association, Archivo Glottologico Italiano*, o diabo, mas nada! E a minha fama crescia. Na rua, os informados apontavam-me, dizendo aos outros: "Lá vai o sujeito que sabe javanês." Nas livrarias, os gramáticos consultavam-me sobre a colocação dos pronomes no tal jargão das ilhas de Sonda. Recebia cartas dos eruditos do interior, os jornais citavam o meu saber e recusei aceitar uma turma de alunos sequiosos de entenderem o tal javanês. A convite da redação, escrevi, no *Jornal do Commércio* um artigo de quatro colunas sobre a literatura javanesa antiga e moderna...

— Como, se tu nada sabias? interrompeu-me o atento Castro.

— Muito simplesmente: primeiramente, descrevi a ilha de Java, com o auxílio de dicionários e umas poucas publicações de geografias, e depois citei a mais não poder.

— E nunca duvidaram? perguntou-me ainda o meu amigo.

— Nunca. Isto é, uma vez quase fico perdido. A polícia prendeu um sujeito, um marujo, um tipo bronzeado que só falava uma língua esquisita. Chamaram diversos intérpretes, ninguém o entendia. Fui também chamado, com todos os respeitos que a minha sabedoria merecia, naturalmente. Demorei-me em ir, mas fui afinal. O homem já estava solto, graças à intervenção do cônsul holandês, a quem ele se fez compreender com meia dúzia de palavras holandesas. E o tal marujo era javanês — uf!

Chegou, enfim, a época do congresso, e lá fui para a Europa. Que delícia! Assisti à inauguração e às sessões preparatórias. Inscreveram-me na secção do tupi-guarani e eu abalei para Paris. Antes, porém, fiz publicar no *Mensageiro de Bâle* o meu retrato, notas biográficas e bibliográficas. Quando voltei, o presidente pediu-me desculpas por me ter dado aquela secção; não conhecia os meus trabalhos e julgara que, por ser eu americano brasileiro, me estava naturalmente indicada a secção do tupi-guarani. Aceitei as explicações e até hoje ainda não pude escrever as minhas obras sobre o javanês, para lhe mandar, conforme prometi.

Acabado o congresso, fiz publicar extratos do artigo do Mensageiro de Bâle, em Berlim, em Turim e Paris, onde os leitores de minhas obras me ofereceram um banquete, presidido pelo Senador Gorot. Custou-me toda essa brincadeira, inclusive o banquete que me foi oferecido, cerca de dez mil francos, quase toda a herança do crédulo e bom Barão de Jacuecanga.

Não perdi meu tempo nem meu dinheiro. Passei a ser uma glória nacional e, ao saltar no cais Pharoux, recebi uma ovação de todas as classes sociais e o presidente da república, dias depois, convidava-me para almoçar em sua companhia.

Dentro de seis meses fui despachado cônsul em Havana, onde estive seis anos e para onde voltarei, a fim de aperfeiçoar os meus estudos das línguas da Malaia, Melanésia e Polinésia.

— É fantástico, observou Castro, agarrando o copo de cerveja.

— Olha: se não fosse estar contente, sabes que ia ser?

— Quê?

— Bacteriologista eminente. Vamos?

— Vamos.

O ORÁCULO

O ORÁCULO
por Saelly Matos

Ler Lima Barreto é uma experiência que faz o leitor viajar no tempo e ver a realidade escondida "por debaixo dos panos" da sociedade brasileira do século passado. Tomado por um espírito crítico, o autor faz das palavras uma arma para revelar a verdadeira face do Brasil, citando o preconceito racial e dando vida a personagens inspirados em figuras públicas. Seus contos são como "denúncias disfarçadas" provenientes de uma época repleta de injustiças sociais.

O conto "O Oráculo" apresenta uma mistura entre o místico e o real. O enredo começa simples, sem grandes estranhamentos, porém isso muda a partir do momento em que o personagem principal, Pelino, em busca da cura para o seu problema de visão, resolve procurar um curandeiro.

Pelino faz referência a uma figura pública com quem, segundo estudos literários, Lima Barreto tinha desavenças na vida real. Por conta disso, nos contos do autor, esse personagem acaba sendo ridicularizado. Todas as interpretações possíveis em relação ao personagem o colocam em uma situação embaraçosa.

O texto tem uma linguagem muito simples e de fácil compreensão. Surpreenda-se e delicie-se com o destino de Pelino.

O ORÁCULO

Lima Barreto

Quando Pelino notou que a vista se lhe ia escurecendo, procurou um oculista famoso, timbrado pelo governo, assegurado por várias academias, inclusive a de Letras, cujo nome, precedido da mais clara fama, era garantia do milagre que o cliente esperava da ciência do doutor.

Este, porém, não pudera fazer a luz aumentar nos seus olhos que, a pouco, se iam pagando numa treva indistinta.

Pelino que, durante vinte e tantos anos, ajudara, na sua banca humilde, os ministros a cumprir as leis e os regulamentos, resolveu consultar um curandeiro.

Procurou os jornais, leu os anúncios e visitou então muitos que se anunciavam com grandes gabos.

Leu o do professor Im-Ra, sacerdote da Magia Natural ou Ortológica, capaz de dar saúde, beleza, amor, por um processo psicológico, ainda desconhecido etc, etc.

Leu outros, mas aquele que mais lhe agradou foi o do Ergonte Ribeiro, ocultista explícito, curador de doenças da virtude, por meio de uniformes adequados, cintos de castidade, manchões e outros instrumentos mecânicos esotéricos, cuja eficácia estava comprovada com 1.452 atestados que possuía.

Entre estes, ele publicava um em que o cidadão Freitas, de Umbu de Baixo, gabava o cinto que lhe havia mandado, com o qual pôde o referido cidadão impedir que sua mulher adulterasse enquanto ele andava no campo em que trabalhos de criação.

Além de tais dotes, o professor Lemos Ribeiro curava a cegueira e outras moléstias, por meio de consultas a oráculos antigos, cujas receitas ele possuía em grande número.

Pelino, que precisava ficar com sua vista em perfeito estado, para o escritório de Lemos partiu imediatamente.

Era uma vasta peça quadrada, precedida de uma antessala meio escura. Toda a peça estava forrada de livros, em altas estantes. Havia o trípode das velhas religiões da Grécia e Roma a queimar um tênue incenso.

Ouvida a consulta, Lemos Ribeiro começou a remexer os livros da sua abundante biblioteca.

Tirou primeiro, da estante, as *Peregrinações*, de Fernão Mendes e citou: "a que os moradores logo acudiam com muitas bestas e lanças, bradando a grandes vozes: Navacaranguê, navaranguê".

Em seguida, agarrou um volume da *História de França*, por H. Martin, e leu um trecho sobre Luís XIV.

E depois de ter lido assim e citado a esmo, o sabichão expectorou a sua transcendente receita: lave os olhos com a água do banho da mulher que tenha sido sempre fiel a seu marido.

Pelino pagou, porque se pagava, e saiu a pensar no récipe que lhe dera o curandeiro. Quem seria a mulher? Pensou mais ainda e concluiu, com muita razão que devia ser a sua.

Chegou em casa e, dentro em breve, pôde experimentar o re-médio.

Apanhou um bom bocado de água do banho da esposa, e com ela lavou abundantemente os olhos uma, duas três, vezes; e neles a luz não se fez absolutamente.

ADÉLIA

ADÉLIA

por Joselito Prado

Esse conto despertou em mim a necessidade de que todos voltem seus olhares para as Adélias que estão fora dos livros, pessoas que são abandonadas pela sociedade e pelas políticas públicas e que necessitam de ajuda. Além disso, há fatos nesse conto que não possuem respostas exatas e concretas, como da personagem, ao final do texto. Ficamos intrigados com o intuito de descobrir o motivo do olhar vazio que a acompanhou desde criança, passando pela puberdade, ao longo de sua vida.

Adélia tem algo que contrasta com "a desgraça do seu corpo", que é o seu olhar. Seus olhos sempre foram calmos, "à espera das caravelas que a levariam para os países felizes", apesar de suas péssimas situações.

Personagens femininos são representados em diversos textos do autor, como: Clô, Clara dos Anjos, Lívia, Alzira e Adélia. Ao criar estes personagens, o autor expõe um pouco da sua visão de como ele pensava o papel social da mulher no seu tempo.

ADÉLIA

Lima Barreto

— A nossa filantropia moderna feita de elegância e exibições é das coisas mais inúteis e contraproducentes que se pode imaginar.

Entre todas as pessoas do povo aqui, no Rio de Janeiro, há uma condenação geral para as raparigas que se casam, no dia de santa Isabel, e saem da Casa de Expostos. Isto se dá para uma casa semirreligiosa, que só visa, penso eu, não a felicidade terrena, mas o resgate de almas das garras do demônio. Agora, imagina tu o que de transtorno na vida de tantos entes não vão levar esses "dispensários", essas creches etc. que lhes amparam os primeiros anos de vida e, depois, os abandonam à sua sorte!...

Antes a sala do banco da Misericórdia que receita remédios de uma cor única e cuja dieta só varia na inversão dos pratos... É sempre a mesma... Essa caridade é espúria e perversa... Antes deixar essa pobre gente entregue à sua sorte...

— És mau... E impossível que ela não aproveite muitos.

— Alguns, talvez; mas muitos, ela estraga e desvia do seu destino, que talvez fosse alto. Nelson legou Lady Hamilton à Inglaterra; e tu sabes quais foram os começos dela. Chegaria até isso se andasse em creches, dispensários?

— Não sei; mas não nos devemos guiar por exceções.

— É uma frase; mas vou contar-te uma história bem singela que espero não me interromperás. Prometes?

— Prometo.

— Vou contar.

— Conta lá.

O narrador fez uma pausa e encetou vagarosamente:

Quando a portuguesa Gertrudes, que "vivia" com o italiano Giuseppe, um amolador ambulante, apresentou Adélia, sua filha, à sublimada competência do doutor Castrioto, do dispensário, a criança era só um olhar. As pernas lhe eram uns palitos, os braços descamados, esqueléticos, moviam-se nas convulsões de choro sinistramente. Com tais membros e o ventre ressequido e a boca umedecida de uma baba viscosa, a criança parecia premida por todas as forças universais, físicas e espirituais. O seu olhar, entretanto, era calmo. Era azul-turquesa, e doce, e vago. No meio da desgraça do seu corpo, a placidez do seu olhar tinha um tom zombeteiro. O doutor melhorou-a muito; mas, assim mesmo, até à puberdade, foi-lhe o corpo um frangalho e o olhar sempre o mesmo, a ver caravelas ao longe que a viessem buscar para países felizes. Depois de adolescente, porém, no fim das grandes concentrações íntimas, o brilho hialino das pupilas turbava-se, estremecia.

Ninguém descobriu-lhe o olhar — quem repara no olhar de uma menina de estalagem? Olham-se-lhe as formas, os quadris e os seios; ela não os tinha opulentos, contudo casou-se. O casamento realizou-se a pé e a garotada assoviou pelo caminho. A noiva com calma estúpida olhou-os. Por quê? Casava-se a pé; era ignóbil. O padrinho não lhe notou modificação sensível. Não chorara, não soluçara, não tremera; unicamente mudou num instante de olhar, que ficou duro e perverso. O primeiro ano de casamento fez-lhe bem.

A intensa vida sexual arredondou-lhe as formas, disfarçou as arestas e as anfractuosidades — emprestou-lhe beleza.

Demais, o ócio desse primeiro ano afinou-a, melhorou-a; mas sempre com aquele olhar fora do corpo e das coisas reais e palpáveis.

No fim de dois anos de casada, o marido começou a tossir e a escarrar, a escarrar e a tossir. Não trabalhava mais. Adélia rogou, pediu, chorou. Andou por aqui e por ali. Encontrou alguém amável que a convidou:

— Vamos até lá, é perto.

— Ó... Não... "Ele"...

— "Ele"!... Vamos!... "Ele" não sabe; não pode mais. Vamos.

Foi, e foi muitas vezes; mas sempre sem pesar, sem compreender bem o que fazia, à espera das caravelas sonhadas.

Ia e voltava. O marido tossia e tomava remédios.

— Trouxeste?

— Sim; trouxe.

— Quem te deu?

— O doutor.

— Como ele é bom.

"Aos poucos, infiltravam-se-lhe gostos novos. Um sapato de abotoar, um chapéu de plumas, uma luva... Morreu o marido. O enterro foi fácil e o luto ficou-lhe bem. O seu olhar vago, fora dos homens e das coisas, atravessava o véu negro como um firmamento com uma única estrela no engaste de um céu de borrasca. Um ano depois corria confeitarias, à tarde; mas o seu olhar não pousava nunca nos espelhos e nas armações. Andava longe dela, longe daqueles lugares.

— Toma vermute?

— Sim.

— É melhor coquetel.

— É.

— Antes cerveja.

— Vá cerveja.

Não custou a embriagar-se um dia. Meteram-lhe num carro. Estava que nem uma pasta mole e desconjuntada.

— Que tem você?

— Nada, não vejo.

— Você por que não abre mais os olhos?

— Não posso, não vejo!

— Lá vão os Fenianos... Você não vê?

— Ouço a música.

Teve carros. Frequentou teatros e bailes duvidosos, mas seu olhar sempre saía deles, procurando coisas longínquas e indefinidas. Recebeu joias. Olhava-as. Tudo lhe interessou e nada disso amou. Parecia em viagem, a bordo. A mobília e a louça do paquete não lhe desagradavam; queria a riqueza, talvez; mas era só. Nada se acorrentava na sua alma. Correu cidades elegantes e as praias.

— Hoje, ao Leme.

— Sim, ao Leme. A curva suave da praia e a imensa tristeza do oceano prendiam-na.

Defronte do mar, animava-se; dizia coisas altas que passavam pelas cabeças das companheiras, cheias de mistério, como o voo longo de patos selvagens, à hora crepuscular.

Veio um ano que se examinou. Estava quase magra, quase esquálida. Foi-se fanando daí por diante. Diminuíram-se-lhe as joias e os vestidos. Morreu aos trinta e poucos anos como a criança que se fora: um frangalho de corpo e um olhar vago e doce, fora dela e das coisas. Que é que adiantou o dispensário?"

Calou-se o que narrava, e o outro só soube dizer:

— Vou-me embora... Até amanhã.

UM MÚSICO
EXTRAORDINÁRIO

UM MÚSICO EXTRAORDINÁRIO

por Carolyne de Melo

Com um final digno de nota, Lima Barreto faz com que "Um músico extraordinário" seja mais um daqueles contos que ficam na memória, que intrigam e que fazem o leitor virar e revirar a página em busca de algum sinal de moral ou mesmo de finalidade. É exatamente nesse ponto que Lima se destaca. É um autor pré-modernista, sendo assim, não faz uma literatura moralista ou mesmo educativa. Ele nos oferece os fatos e nós, leitores, ao conhecê-los, nos encaixamos pouco a pouco em seu texto, à nossa maneira.

No início do conto, somos apresentados a um garoto que vive no mundo fantástico dos livros e que não cede às exultações típicas da idade ou, usando as palavras do autor, aos "folguedos de colegial"; um menino cujo futuro tem tudo para ser brilhante. Em suma, é um jovem leitor, que, assim como nós, buscava na leitura adentrar em um mundo diferente do qual vivia.

Por meio de uma linguagem simples e com traços de oralidade, sua escrita permite a aproximação do leitor com o texto de maneira mais efetiva, eliminando a exclusividade da leitura de sua obra apenas por classes mais abastadas, uma das grandes preocupações do autor, que muitas vezes se revela na temática de seus textos.

Nesse conto, porém, o foco é direcionado ao indivíduo e seus dilemas, o que é curioso e faz com que aumente a vontade de lê-lo apenas para a descoberta de outro lado desse autor, que raramente é apresentado. Outro fator que fortalece nossa ligação com o conto é sua descrição sobre a infância, pois detalha de maneira singela e leve essa fase da vida que muitas vezes parece tão insignificante, mas que tanto nos define. "O que faz o encanto da meninice não é que essa idade seja melhor ou pior que as outras. O que a faz encantadora e boa é que, durante esse período da existência, nossa capacidade de sonho é maior e mais força temos em identificar os nossos sonhos com a nossa vida."

UM MÚSICO
EXTRAORDINÁRIO

Lima Barreto

Quando andávamos juntos no colégio, Ezequiel era um franzino menino de quatorze ou quinze anos, triste, retraído, a quem os folguedos colegiais não atraíam. Não era visto nunca jogando "barra, carniça, quadrado, peteca", ou qualquer outro jogo dentre aqueles velhos brinquedos de internato que hoje não se usam mais. O seu grande prazer era a leitura e, dos livros, os que mais gostava eram os de Júlio Verne. Quando todos nós líamos José de Alencar, Macedo, Aluísio e, sobretudo, o infame Alfredo Gallis, ele lia *A Ilha Misteriosa*, o *Heitor Servadac*, as *Cinco semanas em um balão* e, com mais afinco, as *Vinte mil léguas submarinas*.

Dir-se-ia que a sua alma ansiava por estar só com ela mesma, mergulhada, como o Capitão Nemo do romance vernesco, no seio do mais misterioso dos elementos da nossa misteriosa Terra.

Nenhum colega o entendia, mas todos o estimavam, porque era bom, tímido e generoso. E porque ninguém o entendesse nem as suas leituras, ele vivia consigo mesmo; em quando não estudava as lições de que dava boas contas, lia seu autor predileto.

Quem poderia pôr na cabeça daquelas crianças fúteis pela idade e cheias de anseios de carne para a puberdade exigente o sonho que o célebre autor francês instila nos cérebros dos meninos que se apaixonam por ele, e o bálsamo que os seus livros dão aos delicados que prematuramente adivinham a injustiça e a brutalidade da vida?

O que faz o encanto da meninice não é que essa idade seja melhor ou pior que as outras. O que a faz encantadora e boa é que, durante esse período da existência, nossa capacidade de sonho é maior e mais força temos em identificar os nossos sonhos com a nossa vida. Penso, hoje, que o meu colega Ezequiel tinha sempre no bolso um canivete, no pressuposto de, se viesse a cair em uma ilha deserta, possuir à mão aquele instrumento indispensável para o imediato arranjo de sua vida; e aquele meu outro colega Sanches andava sempre com uma nota de dez tostões, para, no caso de arranjar a "sua" namorada, ter logo em seu alcance o dinheiro com que lhe comprasse um ramilhete.

Era, porém, falar ao Ezequiel, em *Heitor Servadac*, e logo ele se punha entusiasmado e contava toda a novela do mestre de Nantes. Quando acabava, tentava então outra; mas os colegas fugiam um a um, deixavam-no só com o seu Júlio Verne, para irem fumar um cigarro às escondidas.

Então, ele procurava o mais afastado dos bancos do recreio, e deixava-se ficar lá, só, imaginando, talvez, futuras viagens que haviam de fazer, para as aventuras de Roberto Grant, de Hatteras, de Passepartout, de Keraban, de Miguel Strogoff, de Cesar Cascavel, de Phileas Fogg e mesmo daquele curioso doutor Lindenbrock, que entra pela cratera extinta de Sueffels, na desolada Islândia, e vem à superfície da terra, num ascensor de lavas, que o Estrômboli vomita nas terras risonhas que o Mediterrâneo afaga...

Saímos do internato quase ao mesmo tempo e, durante algum, ainda nos vimos; mas, bem depressa, perdemo-nos de vista.

Passaram-se anos e eu já havia de todo esquecido, quando, no ano passado, vim a encontrá-lo em circunstâncias bem singulares.

Foi em um domingo. Tomei um bonde da Jardim, aí, na avenida, para visitar um amigo e, com ele, jantar em família. Ia ler-me um poema; ele era engenheiro hidráulico.

Como todo o sujeito que é rico ou se supõe ou quer passar como tal, o meu amigo morava para as bandas de Botafogo.

Ia satisfeito, pois de há muito não me perdia por aquelas bandas da cidade e me aborrecia com a monotonia dos meus dias, vendo as mesmas paisagens e olhando sempre as mesmas fisionomias. Fugiria, assim, por algumas horas, à fadiga visual de contemplar as montanhas desnudadas que marginam a Central, da estação inicial até Cascadum. Morava eu nos subúrbios. Fui visitar, portanto, o meu amigo, naquele Botafogo catita, Meca das ambições dos nortistas, dos sulistas e dos... cariocas.

Sentei-me nos primeiros bancos; e já havia passado o Lírico e entrávamos na rua Treze de Maio, quando, no banco de trás do meu, se levantou uma altercação com o condutor, uma dessas vulgares altercações comuns nos nossos bondes.

— Ora, veja lá com quem fala! dizia um.

— Faça o favor de pagar sua passagem, retorquia o recebedor.

— Tome cuidado, acudiu o outro. Olhe que não trata com nenhum cafajeste! Veja lá!

— Pague a passagem, senão o carro não segue.

E como eu me virasse por esse tempo a ver melhor tão patusco caso, dei com a fisionomia do disputador que me pareceu vagamente minha conhecida. Não tive de fazer esforços de memória. Como uma ducha, ele me interpelou desta forma:

— Vejas tu só, Mascarenhas, como são as coisas! Eu, um artista, uma celebridade, cujos serviços a este país são inestimáveis, vejo-me agora maltratado por esse brutamonte que exige de mim, desaforadamente, a paga de uma quantia ínfima, como se eu fosse da laia dos que pagam.

Aquela voz, de súbito, pois ainda não sabia bem quem me falava, reconheci o homem: era o Ezequiel Beiriz.

Paguei-lhe a passagem, pois, não sendo celebridade, nem artista, podia perfeitamente e sem desdouro pagar quantias ínfimas; o veículo seguiu pacatamente o seu caminho, levando o meu espanto e a minha admiração pela transformação que se havia dado no temperamento do meu antigo colega de colégio. Pois era aquele parlapatão, o tímido Ezequiel?

Pois aquele presunçoso, que não era da laia dos que pagam, era o cismático Ezequiel do colégio, sempre a sonhar viagens maravilhosas, à Júlio Verne? Que teria havido nele? Ele me pareceu inteiramente são, no momento e para sempre.

Travamos conversa e mesmo a procurei, para decifrar tão interessante enigma.

— Que diabo, Beiriz! Onde tens andado? Creio que há bem quinze anos que não nos vemos — não é? Onde andaste?

— Ora! Por esse mundo de Cristo. A última vez que nos encontramos... Quando foi mesmo?

— Quando eu ia embarcar para o interior do estado do Rio, visitar a família.

— É verdade! Tens boa memória... Despedimo-nos no largo do Paço... Ias para Muruí — não é isso?

— Exatamente.

— Eu, logo em seguida, parti para o Recife a estudar direito.

— Estiveste lá este tempo todo?

— Não. Voltei para aqui, logo de dois anos passados lá.

— Por quê?

— Aborrecia-me aquela "chorumela" de direito... Aquela vida solta de estudantes de província não me agradava... São vaidosos... A sociedade lhes dá muita importância, daí...

— Mas que tinhas com isso? Fazias vida à parte...

— Qual! Não era bem isso o que eu sentia... Estava era aborrecidíssimo com a natureza daqueles estudos... Queria outros...

— E tentaste?

— Tentar! Eu não tento; eu os faço... Voltei para o Rio a fim de estudar pintura.

— Como não tentas, naturalmente...

— Não acabei. Enfadou-me logo tudo aquilo da Escola de Belas-Artes.

— Por quê?

— Ora! Deram-me uns bonecos de gesso para copiar... Já viste que tolice? Copiar bonecos e pedaços de bonecos... Eu queria a coisa viva, a vida palpitante...

— É preciso ir às fontes, começar pelo começo, disse eu sentenciosamente.

— Qual! Isto é para toda gente... Eu vou de um salto; se erro, sou como o tigre diante do caçador — estou morto!

— De forma que...

— Foi o que me aconteceu com a pintura. Por causa dos tais bonecos, errei o salto e a abandonei. Fiz-me repórter, jornalista, dramaturgo, o diabo! Mas, em nenhuma dessas profissões dei-me bem... Todas elas me desgostavam... Nunca estava contente com o que fazia... Pensei, de mim para mim, que nenhuma delas era a da minha vocação e a do meu amor; e, como sou honesto intelectualmente, não tive nenhuma dor de coração em largá-las e ficar à toa, vivendo ao deus-dará.

— Isto durante muito tempo?

— Algum. Conto-te o resto. Já me dispunha a experimentar o funcionalismo, quando, certo dia, descendo as escadas de uma secretaria, onde fui levar um pistolão, encontrei um parente afastado que as subia. Deu-me ele a notícia da morte do meu tio rico que me pagava colégio e, durante alguns anos, me dera pensão; mas ultimamente a tinha suspendido, devido, dizia ele, a eu não esquentar lugar, isto é, andar de escola em escola, de profissão em profissão.

— Era solteiro, esse seu tio?

— Era, e, como já não tivesse mais pai (ele era irmão de meu pai), ficava sendo o seu único herdeiro, pois morreu sem testamento. Devido a isso e mais ulteriores ajustes com a Justiça, fiquei possuidor de cerca de duas centenas e meia de contos.

— Um nababo! Hein?

— De algum modo. Mas escuta, filho! Possuidor dessa fortuna, larguei-me para a Europa a viajar. Antes — é preciso que saibas

— fundei aqui uma revista literária e artística — *Vilbara* — em que apresentei as minhas ideias budistas sobre a arte, apesar do que nela publiquei as coisas mais escatológicas possíveis, poemetos ao suicídio, poemas em prosa à Venus Genitrix, junto com sonetos, cantos, glosas de coisas de livros de missa de meninas do colégio de Sion.

— Tudo isto de tua pena?

— Não. A minha teoria era uma e a da revista outra, mas publicava as coisas mais antagônicas a ela, porque eram dos amigos.

— Durou muito a tua revista?

— Seis números e custaram-me muito, pois até tricromias publiquei e hás de adivinhar que foram de quadros contrários ao meu ideal búdico. Imagina tu que até estampei uma reprodução dos *Horácios*, do idiota do David!

— Foi para encher, certamente?

— Qual! A minha orientação nunca dominou a publicação...

Bem! Vamos adiante. Embarquei quase como fugido deste país em que a estética transcendente da renúncia, do aniquilamento do desejo era tão singularmente traduzida em versos fesceninos e escatológicos e em quadros apologéticos da força da guerra. Fui-me embora!

— Para onde?

— Pretendia ficar em Lisboa, mas, em caminho, sobreveio uma tempestade; e deu-me vontade, durante ela, de ir ao piano. Esperava que saísse o "bitu"; mas, qual não foi o meu espanto, quando de sob os meus dedos, surgiu e ecoou o tremendo fenômeno meteorológico, toda a sua música terrível... Ah! Como me senti satisfeito! Tinha encontrado a minha vocação... Eu era músico! Poderia transportar, registrar no papel e reproduzi-los artisticamente, com os instrumentos adequados, todos os sons, até ali intraduzíveis pela arte, da Natureza. O bramido das grandes cachoeiras, o marulho soluçante das vagas, o ganido dos grandes ventos, o roncar divino do trovão estalido do raio — todos esses ruídos, todos esses sons não seriam perdidos para a Arte; e, através do meu cérebro, seriam postos em música, idealizados transcendentalmente, a fim de mais fortemente, mais intimamente prender o homem à Natureza, sempre boa e sempre fecunda, vária e ondeante; mas...

— Tu sabias música?

— Não. Mas, continuei a viagem até Hamburgo, em cujo conservatório me matriculei. Não me dei bem nele, passei para o de Dresden, onde também não me dei bem. Procurei o de Munique, que não me agradou. Frequentei o de Paris, o de Milão...

— De modo que deves estar muito profundo em música?

Calou-se meu amigo um pouco e logo respondeu:

— Não. Nada sei, porque não encontrei um conservatório que prestasse. Logo que o encontre, fica certo que serei um músico extraordinário. Adeus, vou saltar. Adeus! Estimei ver-te.

Saltou e tomou por uma rua transversal que não me pareceu ser a da sua residência.

QUASE ELA DEU O "SIM"; MAS...,

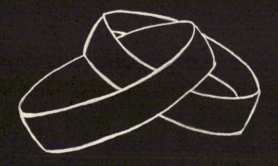

QUASE ELA DEU O "SIM"; MAS...,

por Mariana Caselli

Lima Barreto viveu toda a sua vida no Rio de Janeiro. Mulato, era filho de um escravo e de uma moça (filha de uma escrava) agregada em uma importante família da época. Apesar de suas origens, teve a sorte de ter uma boa educação. Costumava privilegiar os pobres, os boêmios e os arruinados em seus contos, talvez por ser também uma pessoa excluída da sociedade.

No conto escolhido, o tema é casamento. O autor, porém, o aborda de um modo diferente: ele ironiza o matrimônio e as razões pelas quais nos unimos a alguém. Há muitos diálogos no texto, o que torna o conto mais rápido e fluido. Lima Barreto escreve de um modo que deixa a leitura fácil, mesmo com a linguagem que se usava no século passado. Independentemente de se passar há quase 92 anos, a história continua atual; e também divertida. O cotidiano das personagens, o lugar onde moram... São pessoas comuns, com as quais o leitor consegue se identificar ou enxergar alguém que conhece, e normalmente eram pessoas assim que se tornavam personagens nos escritos do autor carioca.

Sem mais delongas: espero que você goste do conto tanto quando eu, ou mais. Boa leitura!

QUASE ELA DEU O "SIM"; MAS...

Lima Barreto

João Cazu era um moço suburbano, forte e saudável, mas pouco ativo e amigo do trabalho.

Vivia em casa dos tios, numa estação de subúrbios, onde tinha moradia, comida, roupa, calçado e algum dinheiro que a sua bondosa tia e madrinha lhe dava para os cigarros.

Ele, porém, não os comprava; "filava-os" dos outros. "Refundia" os níqueis que lhe dava a tia, para flores a dar às namoradas e comprar bilhetes de tômbolas, nos vários "mafuás", mais ou menos eclesiásticos, que há por aquelas redondezas.

O conhecimento do seu hábito de "filar" cigarros aos camaradas e amigos estava tão espalhado que, mal um deles o via, logo tirava da algibeira um cigarro; e, antes de saudá-lo, dizia:

— Toma lá o cigarro, Cazu.

Vivia assim muito bem, sem ambições nem tenções. A maior parte do dia, especialmente à tarde, empregava ele, com outros companheiros, em dar loucos pontapés numa bola, tendo por arena um terreno baldio da vizinhança da residência dele ou melhor: dos seus tios e padrinhos.

Contudo, ainda não estava satisfeito. Restava-lhe a grave preocupação de encontrar quem lhe lavasse e engomasse a roupa, remendasse as calças e outras peças do vestuário, cerzisse as meias, etc., etc.

Em resumo: ele queria uma mulher, uma esposa, adaptável ao seu jeito descansado.

Tinha visto falar em sujeitos que se casam com moças ricas e não precisam trabalhar; em outros que esposam professoras e adquirem a meritória profissão de "maridos da professora"; ele, porém, não aspirava a tanto.

Apesar disso, não desanimou de descobrir uma mulher que lhe servisse convenientemente.

Continuou a jogar displicentemente o seu *football* vagabundo e a viver cheio de segurança e abundância com os seus tios e padrinhos.

Certo dia, passando pela porteira da casa de uma sua vizinha mais ou menos conhecida, ela lhe pediu:

— "Seu" Cazu, o senhor vai até a estação?

— Vou, Dona Ermelinda.

— Podia me fazer um favor?

— Pois não.

— É ver se o "Seu" Gustavo da padaria "Rosa de Ouro" me pode ceder duas estampilhas de seiscentos réis. Tenho que fazer um requerimento ao Tesouro, sobre coisas do meu montepio, com urgência, precisava muito.

— Não há dúvida, minha senhora.

Cazuza, dizendo isto, pensava de si para si: "É um bom partido. Tem montepio, é viúva; o diabo são os filhos!" Dona Ermelinda, à vista da resposta dele, disse:

— Está aqui o dinheiro.

Conquanto dissesse várias vezes que não precisava daquilo — o dinheiro — o impenitente jogador de *football* e feliz hóspede dos tios foi embolsando os Nicolaus, por causa das dúvidas.

Fez o que tinha a fazer na estação, adquiriu as estampilhas e voltou para entregá-las à viúva.

De fato, Dona Ermelinda era viúva de um contínuo ou coisa parecida de uma repartição pública. Viúva e com pouco mais de trinta anos, nada se falava da sua reputação.

Tinha uma filha e um filho que educava com grande desvelo e muito sacrifício.

Era proprietária do pequeno *chalet* onde morava, em cujo quintal havia laranjeiras e algumas outras árvores frutíferas.

Fora o seu falecido marido que o adquirira com o produto de uma "sorte" na loteria; e, se ela, com a morte do esposo, o salvara das garras de escrivães, escreventes, meirinhos, solicitadores e advogados "mambembes", devia-o à precaução do marido que comprara a casa em nome dela.

Assim mesmo, tinha sido preciso a intervenção do seu compadre, o capitão Hermenegildo, a fim de remover os obstáculos que certos "águias" começavam a pôr, para impedir que ela entrasse em plena posse do imóvel e abocanhar-lhe afinal o seu chalezito humilde.

De volta, Cazu bateu à porta da viúva que trabalhava no interior, com cujo rendimento ela conseguia aumentar de muito o módico, senão irrisório montepio, de modo a conseguir fazer face às despesas mensais com ela e os filhos.

Percebendo a pobre viúva que era o Cazu, sem se levantar da máquina, gritou:

— Entre, "seu" Cazu.

Estava só; os filhos ainda não tinham vindo do colégio. Cazu entrou.

Após entregar as estampilhas, quis o rapaz retirar-se; mas foi obstado por Ermelinda nestes termos:

— Espere um pouco, "seu" Cazu. Vamos tomar café.

Ele aceitou e, embora, ambos se serviram da infusão da "preciosa rubiácea", como se diz no estilo "valorização".

A viúva, tomando café, acompanhado com pão e manteiga, pôs-se a olhar o companheiro com certo interesse. Ele notou e fez-se amável e galante, demorando em esvaziar a xícara. A viuvinha sorria interiormente de contentamento. Cazu pensou com os seus botões: "Está aí um bom partido: casa própria, montepio, renda das costuras;

81

e além de tudo, há de lavar-me e consertar a roupa. Se calhar, fico livre das censuras da tia..."

Essa vaga tenção ganhou mais corpo quando a viúva, olhando-lhe a camisa, perguntou:

— "Seu" Cazu, se eu lhe disser uma coisa, o senhor fica zangado?

— Ora, qual, Dona Ermelinda?

— Bem. A sua camisa está rasgada no peito. O senhor traz "ela" amanhã, que eu conserto "ela".

Cazu respondeu que era preciso lavá-la primeiro; mas a viúva prontificou-se em fazer isso também. O *player* dos pontapés, fingindo relutância no começo, aceitou afinal; e doido por isso estava ele, pois era uma "entrada", para obter uma lavadeira em condições favoráveis.

Dito e feito: daí em diante, com jeito e manha, ele conseguiu que a viúva se fizesse a sua lavadeira bem em conta.

Cazu, após tal conquista, redobrou de atividade no *football*, abandonou os biscates e não dava um passo para obter emprego. Que é que ele queria mais? Tinha tudo...

Na redondeza, passavam como noivos; mas não eram, nem mesmo namorados declarados.

Havia entre ambos, unicamente, um "namoro de caboclo", com o que Cazu ganhou uma lavadeira, sem nenhuma exigência monetária e cultivava-o carinhosamente.

Um belo dia, após ano e pouco de tal namoro, houve um casamento na casa dos tios do diligente jogador de *football*. Ele, à vista da cerimônia e da festa, pensou: "Por que também eu não me caso? Por que eu não peço Ermelinda em casamento? Ela aceita, por certo; e eu..."

Matutou domingo, pois o casamento tinha sido no sábado; refletiu segunda e, na terça, cheio de coragem, chegou-se à Ermelinda e pediu-a em casamento.

— É grave isto, Cazu. Olhe que sou viúva e com dois filhos!

— Tratava " eles" bem; eu juro!

— Está bem. Sexta-feira, você vem cedo, para almoçar comigo e eu dou a resposta.

Assim foi feito. Cazu chegou cedo e os dois estiveram a conversar; ela, com toda a naturalidade, e ele, cheio de ansiedade e, apreensivo.

Num dado momento, Ermelinda foi até a gaveta de um móvel e tirou de lá um papel.

— Cazu — disse ela, tendo o papel na mão — você vai à venda e à quitanda e compra o que está aqui nesta "nota". É para o almoço.

Cazu agarrou trêmulo o papelucho e pôs-se a ler o seguinte:

1 quilo de feijão..600 rs.

1/2 de farinha...200"

1/2 de bacalhau...1$200"

1/2 de batatas..360"

Cebolas..200"

Alhos ....100"

Azeite...300"

Sal..100"

Vinagre...200"

————————

3$260 rs.

Quitanda:

Carvão..200 rs.

Couve...200"

Salsa...100"

Cebolinha...100"

————————

Tudo.   3$860 rs.

Acabada a leitura, Cazu não se levantou logo da cadeira; e, com a lista na mão, a olhar de um lado a outro, parecia atordoado, estuporado.

— Anda, Cazu — fez a viúva. Assim, demorando, o almoço fica tarde...

— É que...

— Que há?

— Não tenho dinheiro.

— Mas você não quer casar comigo? É mostrar atividade, meu filho! Dê os seus passos... Vá! Um chefe de família não se atrapalha... É agir!

João Cazu, tendo a lista de gêneros na mão, ergueu-se da cadeira, saiu e não mais voltou...

O PECADO

O PECADO
por Jhonatan Otto

Lima Barreto, com um tom irônico e crítico, expõe em suas obras o preconceito racial incrustado nos indivíduos de sua época e se dispõe a pôr em cena a vida cotidiana dos subúrbios cariocas.

Considerando que esses temas tratados por Lima ainda são discutidos nos dias de hoje, ler um conto barretiano como "O Pecado" relembra o leitor da dura discriminação que muitas pessoas ainda sofrem.

O conto "O Pecado" tem como temática o preconceito que os negros sofriam, e ainda sofrem, devido às suas etnias. Utilizando como espaço para o enredo o céu cristão e, como personagens, santos de mesma religião, o autor faz uma crítica severa à discriminação e à segregação que a população negra enfrenta. Neste conto, o autor apresenta claramente que a democracia racial em nossa sociedade não passa de um mito. Além disso, utilizando-se de um tom irônico, Lima mostra que até as pessoas consideradas puras e honestas (burguesia/santos) podem ser injustas e preconceituosas.

O fio condutor da história segue o cotidiano de São Pedro, santo cristão muito conhecido, o qual tem o papel de julgar as almas que chegam ao céu. Tal indivíduo, através do auxílio do livro da vida, analisa os feitos dos ex-humamos e julga-os, mandando-os para o céu ou para o purgatório. Numa de suas análises, São Pedro examina a vida de certo indivíduo e decide dar-lhe entrada ao céu. Porém, o encarregado do livro sagrado alerta, na hora do julgamento, que um detalhe havia sido deixado de lado. No fim, essa nuança conduz a história a um fim inesperado.

O PECADO

Lima Barreto

Quando naquele dia São Pedro despertou, despertou risonho e de bom humor. E, terminados os cuidados higiênicos da manhã, ele se foi à competente repartição celestial buscar ordens do Supremo e saber que almas chegariam na próxima leva.

Em uma mesa longa, larga e baixa, em grande livro aberto se estendia e debruçado sobre ele, todo entregue ao serviço, um guarda-livros punha em dia a escrituração das almas, de acordo com as mortes que anjos mensageiros e noticiosos traziam de toda extensão da terra. Da pena do encarregado celeste escorriam grossas letras, e de quando em quando ele mudava a caneta para melhor talhar um outro caracter caligráfico.

Assim, páginas ia ele enchendo, enfeitadas, iluminadas nos mais preciosos tipos de letras. Havia, no emprego de cada um deles, uma certa razão de ser e entre si guardavam tão feliz disposição que encantava o ver uma página escrita do livro. O nome era escrito em bastardo, letra forte e larga; a filiação, em gótico, tinha um ar religioso, antigo, as faltas, em bastardo e as qualidades em ronde arabescado.

Ao entrar São Pedro, o escriturário do Eterno voltou-se, saudou-o e, à reclamação da lista d'almas pelo santo, ele respondeu com algum enfado (enfado do ofício) que viesse à tarde buscá-la. Aí pela tardinha, ao findar a escrita, o funcionário celeste (um velho jesuíta encanecido no tráfico de açúcar da América do Sul) tirava uma lista explicativa e entregava a São Pedro, a fim de se preparar convenientemente para receber os ex-vivos no dia seguinte.

Dessa vez, ao contrário de todo o sempre, São Pedro, antes de sair, leu de antemão a lista; e essa sua leitura foi útil, pois que se a não fizesse, talvez, dali em diante, para o resto das idades — quem sabe? — o Céu ficasse de todo estragado. Leu São Pedro a relação: havia muitas almas, muitas mesmo, delas todas, à vista das explicações apensas, uma lhe assanhou o espanto e a estranheza. Leu novamente. Vinha assim:

P. L. C., filho de..., neto de..., bisneto de... — Carregador, 48 anos. Casado. Casto. Honesto. Caridoso. Pobre de espírito. Ignaro. Bom como São Francisco de Assis. Virtuoso como São Bernardo e meigo como o próprio Cristo. É um justo.

Deveras, pensou o Santo Porteiro, é uma alma excepcional; como tão extraordinárias qualidades bem merecia assentar-se à direita do Eterno e lá ficar, *per saecula saeculorum*, gozando a glória perene de quem foi tantas vezes santo...

"E por que não ia"?, deu-lhe vontade de perguntar ao seráfico burocrata.

— Não sei — retrucou-lhe este. Você sabe — acrescentou — sou mandado...

— Veja bem nos assentamentos. Não vá ter você se enganado. Procure — retrucou por sua vez o velho pescador canonizado.

Acompanhado de dolorosos rangidos da mesa, o guarda-livros foi folheando o enorme *Registro*, até encontrar a página própria, onde, com certo esforço, achou a linha adequada e com o dedo afinal apontou o assentamento e leu alto:

— P. L. C., filho de..., neto de..., bisneto de... — Carregador, 48 anos. Casado. Casto. Honesto. Caridoso. Pobre de espírito. Ignaro. Bom como São Francisco de Assis. Virtuoso como São Bernardo e meigo como o próprio Cristo. É um justo.

Depois com o dedo pela pauta horizontal e nas *Observações*, deparou qualquer coisa que o fez de súbito:

— Esquecia-me... Houve engano. É! Foi bom você falar. Essa alma é a de um negro. Vai para o purgatório.

SOBRE LIMA BARRETO

FERNANDA FREITAS
VAGNER AMARO

Vida e obra em Lima Barreto são indissociáveis. Os dissabores pelos quais o autor passou em sua narrativa pessoal estão claramente expressos na sua ficção. A bibliografia do escritor é marcada pela forma como reagiu às adversidades, moldando uma linguagem crítica, direta e objetiva, que contrasta com o estilo literário vigente na época.

Lima Barreto nasceu no dia 13 de maio de 1881 e no seu aniversário de 7 anos assistiu aos festejos da abolição. No Rio de Janeiro da época, não teve contato com o que imaginamos como representação de negros escravos, que sobreviviam em péssimas condições nas fazendas de café do interior do estado. Dessa forma, sua Literatura é gerada a partir do olhar impregnado das experiências pelas quais passou um indivíduo mulato, nascido no núcleo urbano da cidade do Rio de Janeiro. Isso fez de sua obra o retrato de um tempo, emanado por um olhar de quem vê a vida pelas margens da sociedade.

A educação era um valor defendido pelos seus pais, que foram proprietários de um pequeno colégio em Laranjeiras, fechado em consequência da doença e a morte de sua mãe. Foi um jovem estudioso, passava horas lendo na Biblioteca Nacional e aos 15 anos entrou para a Escola Politécnica do Rio de Janeiro. As diferenças sociais e raciais eram marcantes em relação aos colegas de classe, todos brancos e ricos, e sua reação para essa realidade se expressava em introspecção.

Em 1902, com 22 anos, seu pai enlouquecera. A situação financeira da família se agravou e, para colaborar com o sustento, Lima começou a trabalhar como funcionário público. O fato é que ele vivia muito insatisfeito com o que sua vida se tornara: morador do subúrbio com um emprego burocrático e um pai louco dentro de casa. A maneira de fugir desse triste quadro era frequentar os cafés, ponto de encontro de intelectuais e boêmios. Nesse convívio, recebeu convites para colaborar com algumas revistas da época e posteriormente começou a trabalhar para o jornal *Correio da Manhã*. Beber também se tornou uma fuga, uma forma de não estar continuamente consciente da realidade.

Sua vida literária começou efetivamente em 1909 com a publicação de seu primeiro romance *As recordações do escrivão Isaías Caminha*, que foi duramente criticado por ser um romance personalista. A obra ironiza várias esferas da sociedade da época e o faz a partir do olhar crítico de um mulato no Rio de Janeiro do início do século. O fato de esse romance ter passado quase despercebido ou mal avaliado pesou para o autor.

Quando chegou aos 30 anos, em 1911, produziu suas obras mais representativas, *A Nova Califórnia*, *O homem que sabia javanês* e *Triste fim de Policarpo Quaresma*, publicado em folhetins pelo *Jornal do Comércio*.

Os fatos que marcaram sua vida pessoal na infância e adolescência, como a morte da mãe, a loucura do pai e toda a sorte de preconceitos por que passou foram determinantes para a forma como a vida de Lima Barreto se configurou. Angustiava sua realidade como mulato e pobre, a frustração de não ter alcançado seus objetivos como escritor, a falta de reconhecimento dos seus livros e a imposição da estrutura social vigente naquela época que não permitia que ele conseguisse a mesma visibilidade que seus pares brancos. Virou boêmio e perdeu a medida. Do Lima dos cafés se transformou em um desregrado, que mal se alimentava, tendo que se internar algumas vezes. O complexo de cor, o tédio da repartição, a falta de dinheiro e a mediocridade da vida literária o consumiam.

Em 1914, os efeitos dessa vida desgarrada e alimentada pelo álcool levaram o autor a desconfiar de sua lucidez e, excessos após excessos, Lima Barreto teve sua primeira alucinação:

— Enxote esse gato daqui, está debaixo da mesa, é um gato enorme e repelente. Enxote este gato daqui que eu não gosto de gato! — Disse para o irmão, sobre um gato que não havia.

Naquele ano, teve sua primeira internação. Ao retornar ao lar, escreveu *Numa e a Ninfa*, e lutou pela publicação de *Triste fim de Policarpo Quaresma* como livro e, sem conseguir apoio, resolveu publicá-lo com recursos próprios. Feito isso, alcançou o reconhecimento da crítica e seu estilo contribuiu para a renovação da Literatura Brasileira.

Em 1918, foi internado no Hospital Central do Exército, devido às suas alucinações alcoólicas. Lima vivia a vagar pelo subúrbio, sumia por dias, tornara-se um errante. Publicou *Vida e morte de M. J. Gonzaga de Sá*, mantendo seu estilo crítico e irônico.

Aposentou-se, e, após a aposentadoria, viveu um período de grande produção de crônicas para a imprensa. Como um ótimo cronista, escrevia sobre os acontecimentos mais importantes do seu tempo, retratava e combatia a visão de mundo predominante.

Em 1919, em outro surto, voltou a ser internado. Quando retornou para casa, passou a organizar sua biblioteca e concluir suas obras em aberto. Em dois anos concluiu *Histórias e sonhos*, *Marginalia*, *Feiras e mafuás*, *Bagatelas* e *Clara dos Anjos*.

Nos anos posteriores, levou uma vida reclusa. Doente e com o pai louco, mas sempre dedicado à sua maior paixão: a Literatura. Escreveu para jornais e em 1922 faleceu antes de concluir o que seria sua grande obra: *O Cemitério dos Vivos*.

Fontes:

1. BARBOSA, Francisco de Assis. *A vida de Lima Barreto: (1881-1922)*. 10. ed. Rio de Janeiro: José Olympio, 2012.

2. BARRETO, Lima. *Contos completos*. São Paulo: Companhia das Letras, 2010.

3. CUTI, Luiz Silva. *Lima Barreto*. São Paulo: Selo Negro, 2011. (Coleção Retratos do Brasil Negro)

Este livro foi composto com tipografia Bembo e impresso em papel Off-White 90 g/m² na Formato Artes Gráficas.